网络资讯市场
逆向选择研究

基于博弈论技术路径

钟悠天◎著

知识产权出版社
全国百佳图书出版单位
—北京—

图书在版编目（CIP）数据

网络资讯市场逆向选择研究：基于博弈论技术路径/钟悠天著. —北京：知识产权出版社，2023.9

ISBN 978-7-5130-8863-3

Ⅰ.①网⋯　Ⅱ.①钟⋯　Ⅲ.①互联网络—新闻学—传播学—研究　Ⅳ.①G210.7

中国国家版本馆 CIP 数据核字（2023）第 148244 号

责任编辑：龚　卫　　　　　　　　　责任印制：孙婷婷
执行编辑：王禹萱　　　　　　　　　封面设计：杨杨工作室·张冀

网络资讯市场逆向选择研究——基于博弈论技术路径
WANGLUO ZIXUN SHICHANG NIXIANG XUANZE YANJIU——JIYU BOYILUN JISHU LUJING

钟悠天　著

出版发行：知识产权出版社 有限责任公司	网　址：http://www.ipph.cn
电　话：010-82004826	http://www.laichushu.com
社　址：北京市海淀区气象路 50 号院	邮　编：100081
责编电话：010-82000860 转 8120	责编邮箱：gongway@sina.com
发行电话：010-82000860 转 8101	发行传真：010-82000893
印　刷：北京中献拓方科技发展有限公司	经　销：新华书店、各大网上书店及相关专业书店
开　本：880mm×1230mm　1/32	印　张：6.5
版　次：2023 年 9 月第 1 版	印　次：2023 年 9 月第 1 次印刷
字　数：140 千字	定　价：48.00 元
ISBN 978-7-5130-8863-3	

本书由浙大城市学院新闻与传播学院（百强学科培育建设）项目经费支持

前　言

互联网、大数据、人工智能等新传播技术正在促成一种新的社会结构，传统社会建立在信息资源垄断优势基础上的社会管理模式发生了根本性转变。互联网的开放性、公共性、虚拟性等特征使得网络个体能作为独立的信息生产者与传播者参与社会公共事务，政府部门亦可通过门户网站、微信公众号、官方微博、直播平台等方式与民众互动沟通，了解社情民意，进行科学决策，扩大群众参与度和改善公共服务。互联网已成为民众参与政治生活与社会生活的重要方式与途径，成为汇集民意、容纳舆论的窗口与空间，同时也是网络资讯市场产生、形成和发展的最重要策源地与集散地。

在经济领域方面，互联网发展模糊了诸多产业边界，各行业、各领域之间相互渗透、日趋融合，不断催生新业务、新模式，颠覆传统经济模式与基本逻辑。首先，互联网产业带动实体经济发展。随着互联网技术拓展延伸，网络直播与短视频、数字出版、电子商务、互联网金融等新应用与新业务的迅猛发展以及基于移动互联网智能终端技术革新，给传统实体行业提供全新、更广阔的发展空间。其次，互联网促进传统产业的变革和创新，提高交易效率。互联网为传统企业进入电子商务领域搭建交易服务平台，使得产品交易突破时间和地域的限制，缩减交易成本、搜寻成本，减少流通环节，提高交易效率。最后，以移动互联网、云计算、物联网等为代表的互联网的新技术、新应用、新业务正不断地催生经济增长点，颠覆着与经济社会发展息息相关的医疗、交通、教育等领域的传统模式，丰富延伸了公共服务的手段和平台，有效促进社会服务管理模式的创新与发展。

在文化方面，互联网已成为全球信息传播最为高效的途径，互联网不仅是技术上的革命，更推动中国文化的变革。随着传播技术和手段的革新，信息资源的分配方式发生了革命性变化，不同阶层在信息获取渠道上趋于平衡，互联网为草根阶层提供自我表达平台与展示舞台，草根文化的崛起打破精英话语权垄断，深刻改变着原有的社会文化形态。互联网的特殊形态催生社会文化碎片化，按照不同利益群体与文化族群的差异化诉求及社会特征进行碎片化分组，将具有相同或相近特征的个体聚集，形成数量相对多、规模相对小的群体，这些碎片化的文化方式正取代原来的统一价值文化体系。同时，中国文化借助现代传播技术，讲好中国故事、传播好中国声音，展现可信、可爱、可敬的中国形象，进一步加强国际传播能力建设，全面提升国际传播效能，深化文明交流互鉴，推动中华文化更好地走向世界。

新传播科技推动人类社会进入"万众皆媒、万物皆媒"的新时代。马克思在《资本论》中曾提出，技术"揭示出人对自然的能动关系，人的生活的直接生产过程，以及人的社会生活条件和由此产生的精神观念的直接生产过程"。❶ 在马克思看来，自然科学技术虽然不属于意识形态的范畴，但是它对意识形态的发展与演化却能产生至关重要的促进作用。微博、微信、短视频、直播平台等社会化媒体的发展与普及，以去中心化、交互性和社会化为特点的网络新技术，打破传统媒体时期传播者与受众泾渭分明的传播格局，解构单向信息传播的固定模式，受众不再被动接受信息，而成为信息的生产者与传播者；而媒体亦不再是信息传播的唯一主体，承担着信息生产者、发布者、接收者等多重角色，信息传播进入多元发展新格局，推动网络资讯市场形成。媒体与网民间呈现传受身份边界模糊、角色交织互换的复杂网络传播图景，成为网络信息传播的新常态。

新媒体环境促使更为多元的主体以更丰富的互动模式进入网络资讯市场，形成一个各方利益阶层表达态度、情绪、意见为主的多元开放性复杂巨型信息系统。各方舆论主体相互作用，彼此进行信息和能量的交换，在博弈中进行意见和观点交锋，为信息资讯市场的形成和发展提供源源不断的动力。在媒介技术与资本市场的融合催化下，自媒体成为独立于传统舆论场的全新话语博弈场域，扮演着信息源与桥节点角色，成为社会话语场域的舆论策源地、信息动力源和发酵池，让公众与公权力互动对话与博弈成为现实。中国的大众传媒舆论场上，报纸、杂志、电视等传统媒体式微，议程设置和舆论把控能力下降，"两微一端"（微博、微信、移动客户端）成为人们了解新闻时事的第一信息源，成为

❶ 马克思. 资本论（第 1 卷）[M]. 北京：人民出版社，1975：410.

社会舆论的新引擎，在权力关系的重构与博弈中，"舆论一律"模式被打破，民间舆论场发展成为可以与官方舆论场博弈的话语体系，舆论呈现多元化与分层趋势，多元话语博弈成为"新常态"，新型舆论传播格局逐渐形成。

网络话语多元博弈是多元利益群体、话语体系博弈融合的产物，来自普通大众的话语构建了一种多向度、多层次的复调式话语叙事，各权利主体在话语的突破与博弈中消解过去单向度的话语形态。在新媒体环境下，网络话语博弈本质是政府、公众、网络媒介等多方社会力量开展沟通的过程，公众以网络信息表达诉求，政府则通过网络资讯了解公众诉求，并借助信息发布等手段与民众沟通。网络资讯市场多元化语境下的社会沟通互动不仅包含信息沟通、政策传达，更注重情感沟通，通过对社会的意见、态度以及情绪间的碰撞、冲突与合流达成社会共识。

早在党的十八大期间，习近平总书记就在《关于〈中共中央关于全面深化改革若干重大问题的决定〉的说明》中强调"互联网管理要跟上时代"，并且明确指出："随着互联网媒体属性越来越强，网上媒体管理和产业管理远远跟不上形势发展变化。特别是面对传播快、影响大、覆盖广、社会动员能力强的微客、微信等社交网络和即时通信工具用户的快速增长，如何加强网络法制建设和舆论引导，确保网络信息传播秩序和国家安全、社会稳定，已经成为摆在我们面前的现实突出问题。"

随着市场化运作深入，信息传播主体与社会成员思想意识多元化，消费主义盛行，为追求经济利益，大量非主流甚至极端性的噪声泛起，甚至出现网络资讯市场"劣币驱逐良币"的逆向选择现象，表现为流言跑过真相、劣质内容赛过权威信息、情绪化宣泄压倒理性表达等资讯信息混乱现象。网络资讯市场逆向选择是网络信息社会高速发展带来的负面影响，往往成为突发事件次生灾害的导火索和催化剂，因此也成为阻碍网络资讯市场资源优化配置与良性循环的重要掣肘，值得充分关注和切实应对，是一个直面当下、直击现实的紧迫性问题。

网络资讯市场逆向选择作为信息社会时代的一种客观存在，表现复杂形态，不可逆转也无以回避，具有重要的理论研究价值与实践意义。网络资讯市场博弈研究是横亘人文科学、社会科学和自然科学三大知识领域的交叉性集成式研究课题，涉及数学、政治学、社会学、心理学、新闻传播学等多个学科领域，具有研究视角的多维性、研究客体的多位性、研究工具的多样性和研究路径的多元性，因而具有相当的难度与复杂性。这种难度与复杂性在作为挑战的同时，也构成了鲜明而又厚实的学术价值与研究意义。

网络资讯信息的传播与引导涉及政府、网络媒体、社交平台、网民等诸多主体，因主体间存在差异化利益诉求，故本书以博弈论与信息经济学为视角，从各主体利益冲突与利益分配角度出发，利用博弈论可较为直观地分析各利益主体的决策过程。

本书将博弈论与信息经济学领域中与逆向选择相关的理论研究成果——阿克洛夫模型、不完全信息动态模型、信号传递模型、KMRW声誉模型等引入到网络资讯市场逆向选择的分析研究中去，通过建模仿真、实证分析、问卷调查等方式，探索能从根源上有效抑制网络资讯市场逆向选择的方法。书中将自然科学领域的 Multi—Agent（多主体）仿真模型引入到网络资讯市场逆向选择研究中去，通过动态参数调整对网络资讯市场逆向选择现象在虚拟计算机上进行仿真建模，模拟在不同参数环境下的网络资讯市场演变行为，并通过各参与主体的参数调节来研究逆向选择程度变化。如在研究中，通过调整网民参数来观察逆向选择程度的变化，网民参与人数越多，落入低质量信息区的网民数量越多；同时，模型将双方信息差距值作为自变量，逆向选择程度作为因变量，通过对信息差距值的调整来观察逆向选择程度的变化。

在网络资讯市场中，假设政府和网络媒体是网络信息市场的提供方，而大量网民则是网络资讯市场的接收方；亦可假设网民为资讯市场信息提供方，而政府、网络媒体、网民可同时为资讯信息的接受方。网络媒体的出现进一步增加了网民主动获取信息的选择范围，网民可以主动选择关注特定的网络媒体来获取所需信息。当公共事件发生后，处于信息资源垄断地位的政府出于各种原因经常不能及时公布真实的信息，而主流媒体也同样缺乏一个迅速高效的应对机制，导致网络资讯市场信息严重不对称。权威信息的缺失导致社会处于信息饥渴状态，网络媒体为追求经济利益和社会效益必将最大限度地提供信息，博取关注度与点击率，同时也为微博、微信等各种网络媒体制造传播谣言来获取受众注意力提供了空间与市场。

但由于信息资源公开不充分，网络自媒体搜寻并制作高质量信息需花费大量时间、金钱以及人力成本，一些网络媒体转而批量生产低质量信息抢占网络市场。于是网络资讯市场中各种信息出现鱼龙混杂的局面，网民很难判断哪些是高质量的信息；而那些低质量信息的制造者更容易利用网民心理去传播扩散低质量信息，低质量信息大量传播成为网络资讯市场发展态势的重要助推器。在权威信息与理性声音匮乏时，网民习惯性从"谣言"里拼凑真相，本该是最高质量信息提供者却失去公信力，陷入"塔西佗陷阱"，即使迫于压力选择公开事情真相，但多数人还是选择质疑与不信任。由此循环往复导致网络资讯市场出现逆向选择现象，严重影响网络资讯市场传播资源优化配置。

信息不对称现象广泛存在于经济社会等领域，根据交易时间节点的不同可分为事前和事后两种类型。一般来说，事前信息不对称可能导致信息优势方为获取额外收益而隐藏某些信息，从而引发逆向选择现象。通过分析二手车市场中出现的"柠檬效应"，美国著名经济学家、诺贝尔经济学奖获得者乔治·阿克洛夫（George A. Akerlof）最早关注到逆向选择问题，他认为在交易市场中，买方能大致估计市场中商品的总体质量情况，可以推测某件商品属于高质量的概率有多少，但买方并不确定具体每件商品的质量情况。买方只能按市场上商品的平均质量来估计单件商品的质量，并选择价格接近市场平均价格的商品，这就使得高质量商品滞销，高质量商品的提供者因无利可图只能被迫选择退出市场，而低质量商品的供应商因有利可图留在市场，这种情况刺激供应商提供更多的低质量产品，就这样循环往复，低质量产品将高质量产品逐出市场。[1] 我国经济学家张维迎认为，逆向选

---

❶ AKERLOF G A. The Market for "Lemons"：Quality Uncertainty and the Market Mechanism［J］. Quarterly Journal of Economics，1970，84（3）：488 – 500.

择的存在使得很多潜在的交易无法实现，严重情况下还会导致市场坍塌。❶ 信息不对称理论可以解释很多市场现象，在保险市场、信贷市场以及劳动力市场等领域都得到广泛应用。

博弈论乃是现代数学与运筹学的一个耀眼成果，本书探索将博弈论引入网络传播研究领域，针对网络资讯市场的逆向选择问题，从博弈论与信息经济学角度来阐释网络资讯市场逆向选择发生的根本原因、传播机制、治理措施等。阿克洛夫模型、不完全信息动态博弈模型、信号传递模型与声誉模型是博弈论与信息经济学中用来研究逆向选择问题的著名模型，本书将用这四种模型作为提出问题、分析问题、解决问题的研究工具，同时带入自然科学领域的 Multi – Agent 仿真模型，通过动态参数调整对网络资讯市场逆向选择现象在虚拟计算机上进行仿真建模，并通过各参与主体的参数调节来研究逆向选择程度变化。

本书引言部分阐述研究背景、研究内容等基本情况。

第 1 章，针对当前网络资讯市场现状，提出逆向选择是当下网络资讯市场良性发展的顽固症结，从基本概念、表现特征等方面阐释网络资讯市场逆向选择问题的基本情况。

第 2 章，运用阿克洛夫模型，拟建立博弈论中的阿克洛夫逆向选择模型，结合运用传播学、经济学、社会学、心理学等理论知识，在界定网络资讯市场逆向选择的概念与特征的基础上，追溯网络资讯市场逆向选择的诱导因素与形成机制，并兼及阐述网络资讯市场逆向选择问题的危害性。

---

❶ 张维迎. 博弈与社会 ［M］. 北京：北京大学出版社，2013：181.

第3章，在上述网络资讯市场逆向选择归因研究基础上，以政府、网络媒体、网民、涉事者等作为话语博弈的研究主体，建立 Multi – Agent 逆向选择仿真博弈模型，对网络信息交互环境下的信息不对称问题进行仿真建模，以揭示逆向选择的演变机制。所谓多主体仿真模型即在计算机软件上，多个相互独立的主体按照各自行为规则与环境发生作用，模拟事物在现实中可能出现的发展趋势。通过各主体参数设置来仿真模拟现实社会中的逆向选择现象，通过参数值的调整来分析各主体间关联，找出信息不对称与逆向选择内在关联因素。模型仿真过程证明，在信息不对称情况下，随着网络媒体数量与参与网民数量的剧增，网络资讯市场逆向选择的情况也随之加剧。信息不对称程度在一定程度上影响网络资讯市场逆向选择的程度，随着双方信息差距的缩小，选取高质量信息的网民也在增加，这表明信息传播双方信息差距的降低可以有效抑制网络资讯市场逆向选择的状况。

第4章，以政府、网络媒体、网民、涉事者等作为网络资讯市场博弈的研究主体，构建网络资讯市场不完全信息动态博弈模型，对网络资讯市场的参与主体进行分析研究。通过模型分析可得出结论，各博弈主体之间的博弈行为与策略选择是网络资讯市场的演变与发展的内在动因。该部分还通过数学演算、图形图表等方式，计算分析政府、网络媒体、网民以及涉事者所选择的行动策略相对应的收益函数，通过对收益函数的数据比较，可表明信息不对称性是制约与影响博弈参与者策略选择的关键因素，解决信息不对称问题，在一定程度上可扭转博弈局面。

第5章，拟建立博弈论中学科的信号传递模型探索解决抑制网络资讯市场逆向选择的优化策略与有效途径。本章介绍信号传递的基本概念、信号传递成本以及网络资讯市场信号传递机制等，并揭示信号传递成本高低与信息质量、信息发布者声誉高低好坏之间的关联，从而探索降低网络信息传递成本以及抑制网络资讯市场逆向选择的有效途径。

第6章，运用博弈论与信息经济学中的 KMRW 声誉模型来进一步探讨研究提高信息卖方传播效率的方法。本章将以量化数据演算的实证方式证明信息提供方声誉高低对各博弈主体的策略选择、收益函数产生不同的影响，揭示信号传递成本高低与信息质量、信息发布者声誉高低好坏之间的关联，从而探索在一个网民、政府、网媒多方参与的复杂网络博弈场中，能有效降低网络信息传递成本以及抑制逆向选择的治理路径。研究证明信息提供方的声誉高低将对各主体的博弈策略选择、收益函数产生不同的影响，信息提供方声誉维持在一个较高水平时，博弈对手的配合程度越高，双方收益函数越大，反之则双方的收益较低，从而得出良好的声誉是提高信息传播效率的有效途径。

第7章，根据上文对阿克洛夫模型、Multi – Agent 仿真模型、信号博弈与 KMRW 声誉模型的研究分析，从博弈论视角，探讨政府、网络媒体、网民、第三方的博弈行为，探讨各博弈主体如何在话语博弈中获得平衡、共鸣乃至共赢局面，从而实现网络资讯市场信息资源优化配置。

目　录

第1章 网络资讯市场逆向选择概述

1.1 逆向选择的概念

逆向选择（Adverse Selection）是因交易双方之间信息不对称而造成市场资源配置无效率，从而致使市场产品平均质量每况愈下，劣质产品驱逐优质产品的市场现象。1970 年，美国经济学家乔治·阿克洛夫在《"柠檬市场"：质量的不确定性与市场机制》（*The Market for Lemon：Qualitative Uncertainty and the Market Mechanism*）一文中指出，由于买卖双方交易信息不对称，可能导致逆向选择问题，低质量产品把高质量产品逐出市场，出现"劣币驱逐良币"的"柠檬市场"。信息不对称大量存在于经济社会领域，社会化分工带来专业化优势，但也带来信息知识的分散化，❶ 市场由拥有异质信息的人组成，❷ 信息不存在竞争场上

---

❶ LEI BENSTE IN H，En tre preneurship and Develop［J］. The American Economic Reriete，1968，58（2）：72 – 83.

❷ HAYEK. The use of knowledge in Society［J］. American Economic Review，1945（35）：519 – 530.

匀质传播，体现在商品交易市场中，通常表现为卖方拥有商品质量信息，而买方却知之甚少，买卖双方存在信息不对称。买方无法通过商家明确标识获知商品真实信息，只愿意按照市场平均价格来购买该商品，这就导致低质量、低价格的商品热销并盈利，而高质量、高价格的商品滞销且亏损。亏损方退出市场，盈利方占领市场，市场上剩下有利可图的低于平均价格的低质量商品。下一轮博弈，买方则以剩下低质量商品的平均价格作为愿意成交价格，这样高于平均价格的商品再次被淘汰出市场，如此循环往复，劣质商品彻底将优质商品逐出市场，这就是信息不对称导致的逆向选择问题。❶ 阿克洛夫对"柠檬市场"进行研究分析后建立了劳动力市场的逆向选择模型，为研究探讨信息不对称问题提供全新的视野。逆向选择现象在当前网络资讯市场中同样存在，由于网络资讯市场是一个开放的复杂巨系统，多元舆论场之间的利益不协调，存在认知观念差异与信息不对称，网络资讯市场的自利竞争往往不能为信息优化配置带来高效率，反而使得网络资讯市场陷入谣言四起的困境。

1.2　网络资讯市场逆向选择的概念

本书将信息经济学中的逆向选择概念植入新闻传播研究领域实现概念创新。网络资讯市场概念界定在遵循信息经济学关于逆向选择共识意义的基础上，还应当考虑到新闻传播研究领域的个

---

❶　乔治·阿克洛夫. "柠檬"市场：质量的不确定性与市场机制［J］. 经济导刊，2001（6）：1－8.

性语境，既体现同构性，又突出兼容性。所谓网络资讯市场逆向选择，乃是"劣币驱逐良币"逆向选择现象在网络资讯市场中的样态表现，即所谓"谣言赛过真相"。具体而言，是指网络世界信息流动泥沙俱下、鱼龙混杂，最终不实信息在与真实信息的传播角逐中胜出，造成网络空间流言溢出，并最终可能导致网络社区秩序紊乱，主要表现为谣言驱逐真相，低质量信息驱赶高质量信息，情绪化压倒理性等。尤其在突发公共热点事件时，网民在面对互联网良莠不齐、质量各异的信息时，无法分辨信息的真伪，难以做出理性、正确的判断，容易不理性地选择相信或转发传播虚假消息，质疑、排斥、抵制权威机构发布的官方信息。当多数受众相信并传播流言、谣言，在互联网上形成具有较大影响力的舆论场时，官方的客观理性声音被非理性、情绪化的言论驱逐、淹没，劣质信息驱赶了权威信息，流言谣言赛过权威发布，网络资讯市场出现逆向选择，这种现象通常会成为突发事件次生灾害的导火索和催化剂。逆向选择的程度高低将随着网络资讯市场事件的演变发展而出现变化。一般来说，网络资讯市场逆向选择程度的高低与权威信息披露呈现负相关关系，在信息公开程度较高的阶段，逆向选择程度较低；信息封闭程度越高，逆向选择程度越高。

在网络资讯市场中，如何判定是否发生逆向选择？网络资讯市场逆向选择判定标准为，选取网络资讯市场事件的某个特定阶段，选取若干个具有代表性的网络媒体作为样本，统计权威信息与非主流信息的数量，通过判定主流信息与非主流信息的所占比重变化，来判断是否发生逆向选择。本研究借鉴数学领域的"黄

3

金比例"定律（Golden Section Theorem）对网络资讯市场中的主流信息与非主流信息比例问题进行探讨研究。在网络资讯市场中权威主流信息与非主流观点最佳比例遵循"黄金比例"定律。自古希腊哲学家、数学家毕达哥拉斯（Pythago - ras）发现"黄金分割"定律以来，该定律被广泛应用到自然科学、美学艺术、经济社会等领域解决各种问题，如在经济领域，经济学家将其运用到股市、期货市场，研究分析价位变动的高低点。所谓"黄金分割"是将一个整体分为两部分，较大部分与较小部分的比值约为 0.618 和 0.382，定律认为 0.382 的一半 0.191 也是重要的压力点，是研究操作时的参考数据。

我国学者刘建明根据"黄金分割点"提出网络舆论场信息临界点。当在整体"1"中达到 0.618，就能产生对整体的决定性、全面性的影响；达到临界点的 0.382 时，就可以使整体感觉到一种重要的影响存在。❶ 在网络资讯市场中主流意见与多元观点按照黄金比例相互分割，即主流观点占 61.8%，非主流多元观点占 38.2%，则为两者互相依存的最佳比值，这种比值有利于发挥主流舆论的主导性和舆论的多样性。在网络资讯市场演变发展过程中，在某些特定时期，网络资讯市场中主流意见与多元观点会发生重大变化，非主流信息包括谣言、流言与小道消息的比重会瞬间提高，当其提高至 61.8% 时，便可认定出现网络资讯市场逆向选择，可判定非主流信息将权威信息驱逐出网络话语博弈场。

---

❶ 刘建明，纪忠慧，王莉丽. 舆论学概论 [M]. 北京：中国传媒大学出版社，2009：30 - 32.

网络谣言是导致网络资讯市场逆向选择现象的首要原因。当下，我国已全面迈入虚拟社会与实体社会复杂交织的网络社会。信息技术的持续发展使网络成为言论表达最为重要的公共平台，以微博、微信、抖音等为代表的网络社交平台为信息传播和言论表达提供了开放、多元、便捷的渠道，同时也为网络谣言的滋生创造了客观条件。网络谣言是网络社会的衍生物，具有模糊性的社会事实特征、感染性的社会心理特征、集体性的社会行动特征以及工具性的社会功能特征，[1] 是互联网时代的一种复杂社会现象。网络谣言从现实社会延伸至网络空间，又从网络空间渗透至现实社会，网络谣言的产生和传播机制具有特殊性和复杂性，成为影响互联网生态不可忽视的重要因素。网络谣言的传播具有产生环境隐匿化、成员关系圈子化、信息流动交互化、消息来源多元化、呈现形式多样化等复杂特征，容易引发舆论次生灾害。网络谣言的产生和传播与现实社会矛盾累积、底层情绪积压及制度化参与渠道不足等因素密切相关，常常表现为一种特殊的集体求知、意见表达、情绪宣泄以及弱者反抗方式与手段，迎合转型时期的复杂社会心态。在网络资讯市场中，谣言是诱发信息逆向选择的重要因素之一。

谣言是最古老的传播媒介，是信息世界中一种没有可靠证实标准的语言表达形式，是当前人们关注的、未经证实的、真实性难以分辨的信息。法国学者让·诺埃尔·卡普费雷（Jean. Noel Kapferer）认为，"谣言是在社会中出现并流传的未经官方公开证

---

[1] 李元来. 多层面相上网络谣言的悖论特性及长效治理 [J]. 中州学刊, 2016 (12)：166 – 172.

实或者已经被官方辟谣的信息"。❶ 美国学者奥尔波特（Gordon Willard Allport）和波斯特曼（Postman）提出谣言等式，即谣言＝问题的重要性×事实的模糊性，重要性和模糊性是谣言产生必不可少的条件。❷ 美国学者彼得森（Peterson）认为谣言是没有被证明是真实的、流传于人与人之间的公众关注的问题、事物或事件的解释或叙述。❸ 美国学者涩谷保（Shibutani）认为，谣言是一种产生于人们的议论过程当中的即兴新闻。❹ 美国学者莫林（Morin）认为谣言是完完全全通过口头传播的方式且没有任何事实作为根据的流传于社会群体中的关于当下时事的消息。❺ 美国学者罗斯诺（Rosnow）认为谣言是一种公共传播，这种公共传播展现了人们关于现实世界怎样运转的假设。❻ 美国学者尼古拉斯·迪方佐（Nicholas DiFonzo）和普拉桑特·波迪亚（Prashant Bordia）指出，尽管谣言是在危险或者模糊的情境下产生的而又没有经过证实，但是它能够对人们弄清楚事实真相并实现对谣言的风险控制起到帮助作用。❼ 我国学者陈力丹认为，

❶ 让·诺埃尔·卡普费雷. 谣言：世界最古老的传媒［M］. 郑若麟，译. 上海：上海人民出版社，2008：15.

❷ 奥尔波特. 谣言心理学［M］. 刘水平，等译. 沈阳：辽宁教育出版社，2003：15.

❸ PETERSON W A, GIST N P. Rumor and Public Opinion［J］. The American Journal of Sociology，1951，57（2）：159-167.

❹ SHIBUTANI T. Improvised news：A Sociological study of rumor［M］. Indianapolis：Bobbs Merrill，1966.

❺ MORIN E. Rumor in Orleans［M］. New York：Pantheon Books，1971：11.

❻ ROSNOW R L. Rumor as communication：A contextualist approach［J］. Journal of Communication，1988，38（1）：10-28.

❼ BORDIA P, DIFONZO N. Problem Solving in Social Interactions on The Internet：Rumor as Social Cognition［J］. Social Psychology Quartely，2004，87（1）：33-49.

"一旦流言受到公众的广泛传播并形成态势，此时不论流言是否为个别人故意捏造，都会成为一种特殊的信息形态的舆论"。[1]郭庆光认为："流言无论是自然发生的，还是人为制造的，但终究和一定的事实背景是相联系的，而谣言则是故意凭空捏造的消息或信息。"[2]刘建明认为："谣言是负向舆论而非中性的传闻，它带有诽谤的意见指向但没有任何有根据的事实描述。"[3]沙莲香认为，谣言是"一种具有传无根据、来路不明的特征的言论。某些个人、组织或团体甚至是国家根据某些特定的意愿和动机而广泛散布的通过自然发生的，缺乏事实根据的、内容没有得到确认的，在非组织的连锁性通路中所流传的信息"。[4]周晓虹根据制造者不同动机，认为流言在很大程度上属于无意识传播，而谣言一般则是怀有恶意，以造谣生事为目的进行有目的的捏造。[5]互联网时代的谣言，除了"未经证实""证实是虚假"界定外，更重要的核心概念还在于"进入网络人际传播渠道"和"未经权威主体证实"。在互联网信息过剩时代，对于绝大多数信息而言，其产生其实也就意味着沉寂与死亡，这类信息在制作或产生后仅在极其有限的私人圈子以极短时间流传后，瞬间沉没在互联网世界，几乎没泛起涟漪，不属于真正具有传播意义的网络谣言。而有的信息产生后进入了网络人际传播渠道并大范围传播，

❶　陈力丹．舆论学——舆论导向研究［M］．北京：中国广播电视出版社，1999：104.

❷　郭庆光．传播学教程［M］．北京：中国人民大学出版社，1999：99.

❸　刘建明．社会舆论原理［M］．北京：华夏出版社，2002：211.

❹　莎莲香．社会心理学［M］．北京：中国人民大学出版社，2006：283－284.

❺　周晓虹．社会心理学［M］．北京：高等教育出版社，2008：236.

网民集体对谣言内容进行实质性的再加工，并受到传统媒体、门户网站、自媒体平台的广泛关注与报道，成为社会关注的焦点谣言。这种焦点谣言传播能力强、杀伤性大，是谣言搭载互联网媒介技术而催生出的新特质。

随着社会转型，在传播介质转变等多重因素的推动下，网络谣言成为常态化现象，其产生和传播受到多重因素和多维主体的深刻影响，涉及复杂多样的社会结构问题，更具复杂性、多变性和难以预测性。随着移动互联网普及，社会越来越服从或依赖于媒体及其运行逻辑，而媒体则成为社会发展不可分割的一部分，甚至成为社会本身。网络谣言是网络社会信息配置错位的一种社会现象，生产与传播成本低廉的自媒体为吸引流量与博眼球，借助互联网强互动性与裂变式的传播特性，有意或无意散播或助推真假未知的谣言。有相当比例的网民媒介素养水平较低，缺乏怀疑精神与独立思考意识，对于问题与现象的反思能力与批判能力容易在纷繁复杂的"拟态环境"中沉溺消弭。网络技术的发展不仅没有消灭谣言，反而助推其传播得更"专业"、更广泛，谣言搭载网络传播介质，其传播的速度与广度远超历史任何时代。

1.3 网络资讯市场的特征

在网络资讯市场里，个人与组织凭借互联网大规模信息交流系统建立多向性的相互联系，同一个人或组织既可以是资讯信息的接受者也可以成为资讯信息的传送者。"在这张分散型的传播巨网里，任何一个网结都能够生产发布信息，所在网结生产发布

的信息都能够以非线性方式流入网络的经纬之中。"❶

　　网络资讯市场与网络舆论场含义相近。美国新闻评论家、作家沃尔特·李普曼（Walter Lippmann）1922 年的著作《公众舆论》，被视为传播学领域的奠基之作，对公众舆论做了全景式的描述。"外部世界与脑中影像"是沃尔特·李普曼对舆论的经典概述，舆论的形成与发展是"行动的环境、人们头脑中关于那个环境的图景，以及人对于从环境中滋生出来的那幅图景做出的反应"。舆论之所以形成，首先是在人们的头脑中形成了关于"公共事务"的理解图景，并"以社会群体的名义由一些个体去付诸实践，那么就成了更宏大意义上的舆论"。❷ 1974 年，德国传播学家伊丽莎白·诺埃勒－诺依曼（E. Noelle - Neumann）在 *Journal of Communication* 杂志发表 *The Spiral of Silence A Theory of Public Opinion* 提出沉默的螺旋理论，认为人们意见的表达在很大程度上受到他们感知到的社会大众意见的影响，即舆论双方的力量呈现此消彼长的关系，不同意见双方，一方意见的沉默会造成另一方的增势，经过长期循环往复的博弈，会达成较为一致的意见，客观促进社会一体化发展。1980 年，她出版《沉默的螺旋：舆论——我们的社会皮肤》（*The Spiral of Silence：Public Opinion - Our Social Skin*）一书，进一步发展了该理论。曾将舆论视为"社会的皮肤"，它具有双重意义：一方面，它是个体感知当前社会意

---

　　❶　马克·利维. 新闻与传播：走向网络空间的时代［J］. 新闻与传播研究，1997（1）：11－12.

　　❷　沃尔特·李普曼. 舆论［M］. 常江，肖寒，译. 北京：北京大学出版社，2018：3－15.

见气候，进而调整自身行为以适应周围环境的"皮肤"；另一方面，它可以有效保持和促进社会整合，像作为"容器"的皮肤一样，公共舆论如同皮肤一样保护着我们的社会，而使它能够成为一个整体，防止由于意见过度分裂而引起的社会解体，舆论对于社会整体和个体来说都具有重要意义。❶ 曼纽尔·卡斯特（Manuel Castells）在其《网络社会的崛起》一书中详尽论述了信息化对整个经济社会发展的重要作用，以及人在网络社会中的变化，"我们的社会逐渐依循网络与自我之间的两极对立而建造"。❷ 网络同舆论的结合，是顺应时代发展的潮流，是网络信息化社会发展的必然，但却由此导致新的矛盾的出现和激化人在网络空间的对立紧张关系。国内学者也对舆论作界定，韩运荣认为，舆论是社会或社会群体中对近期发生的、为人们普遍关心的某一争议的社会问题的共同意见。❸ 陈力丹强调"舆论是显示社会整体知觉和集合意识、具有权威性的多数人的共同意见"。❹ 孟小平认为，"舆论是公众对其关切的人物、事件、现象、问题和观念的信念、态度和意见的总和，具有一定的一致性、强烈程度和持续性，并对有关事态的发展产生影响"。❺ 刘建明提出形

---

❶ 伊丽莎白·诺尔-诺依曼. 沉默的螺旋：舆论——我们的社会皮肤 [M]. 董璐，译. 北京：北京大学出版社，2013：59，189.

❷ 曼纽尔·卡斯特. 网络社会的崛起 [M]. 夏铸九，等译. 北京：社会科学文献出版社，2001：4.

❸ 韩运荣. 舆论学——原理、方法与应用 [M]. 北京：中国传媒大学出版社，2005：4.

❹ 陈力丹. 舆论学：舆论导向研究 [M]. 北京：中国广播电视出版社，1999：10.

❺ 孟小平. 揭示公共关系的奥秘：舆论学 [M]. 北京：中国新闻出版社，1989：3-5.

成舆论场所需具备的三要素："同一空间人们相邻密度与交往频率的程度，舆论场和社会整体环境的相互连接、相互作用的大小，舆论场环境的渲染力。"❶

1.3.1 开放的复杂巨系统

20 世纪 80 年代，钱学森提出"开放的复杂巨系统"理论，指出社会是由大量作为复杂巨系统的人和智能机器互相配合组成的一个开放的特殊复杂巨系统。钱学森提出利用现代信息网络、人—机结合（以人为主）的大成智慧学（Science of Wisdom in Cyberspace）作为复杂系统的研究方法。在钱学森等人的观点中，"复杂"指系统由于内在元素非线性交互作用而产生的行为无序性的外在表象，"系统"指由相互作用和相互依赖的若干组成部分结合成具有特定功能的有机整体，由于复杂巨系统本身与系统周围的环境有物质、能量、信息等的交换，是开放的系统。❷ 系统复杂性体现在系统中子系统的种类繁多，子系统之间存在多种形式、多种层次的交互作用；进化与涌现性，系统中子系统或基本单元之间的交互作用，从整体上演化、进化出独特的、新的性质。❸

1. 多元与开放性

网络舆论依托互联网为物质载体和时空环境进行信息表达。

---

❶ 刘建明. 当代舆论学［M］. 西安：陕西人民教育出版社，1990：108 – 109.

❷ 钱学森，于景元，戴汝为. 一个科学新领域——开放的复杂局系统及其方法论［J］. 自然杂志，1990（1）：3 – 10.

❸ 于景元. 钱学森关于开放的复杂巨系统的研究［J］. 系统工程理论与实践，1992（5）：8 – 12.

新媒体环境促使更为多元的主体以更丰富的互动模式进入网络资讯市场，形成了一个各方利益阶层表达态度、情绪、意见为主的多元开放性复杂巨型信息系统。各方舆论主体相互作用，彼此进行信息和能量的交换，在博弈中进行意见和观点交锋，为舆论的形成和发展提供源源不断的动力。多方舆论主体不仅借助传统的文字文本进行信息交换，还通过图片、视频、语音等方式即时进行多轮回的信息置换和舆论博弈，使得网络资讯市场数据呈现几何量级的增长，助推舆论态势高速裂变扩散。具备大数据、泛媒化特征的网络资讯市场巨系统，充满着诸多不确定、不稳定性、复杂性与多变性，在社会热点事件舆论对冲与博弈时，已经不再通过简单抽取样本数据就能判断舆论走向，而需要通过分析更多复杂的数据来实现。

2. 进化与涌现性

处于转型期的国家，社会结构正经历着巨大变迁，分化的利益格局、多元的利益主体、复杂的利益诉求、社会思潮嬗变等因素，催生更加多态复杂的社会舆论环境，时常表现出复杂巨系统的涌现性特征，即事先没有明显的预兆，任何偶发因素引发"舆论海啸"。无处不在的自媒体，如同放大镜、聚光灯、记录仪，记载社会生活点点滴滴，而一旦热点事件出现，参与讨论人数与被曝光的细节达到一定量级时，那些平时不被关注，分散在互联网角落里的细枝末节则会在短时间内集中喷涌而出，拼凑成所谓"真相"，迅速扩散成为焦点舆论，看似有迹可查，又毫无征兆，来势凶猛。同时，依托复杂的社会化网络传播，基于特定的关系、兴趣聚合成不同的舆论圈层，在话题的发酵和舆论博弈过程中，不断进行信息交互、关系重构和利益表达，耦合进化出新特征。

3. 自组织与不可测性

网络资讯市场是鲜活的个体在社会化网络空间自我表达的产物，其生成和演变过程充满了自组织与不可预测性。网络资讯市场的生成与扩散，借助自媒体用户节点非线性网络化传播进行，在网络空间形成一种基于话语博弈的、临时短期的无组织的组织力量，没有规律可循的统一行为模式，却具有很强的动员性，快速积聚、快速离散，呈现由无序逐渐趋向有序、由无组织逐渐趋向自组织的演化机制。因其参与主体多样性、主体特征差异性以及传播环境复杂性等因素交织，在多元社会事件和社会问题前，网络资讯市场呈现强大的吸附力，如放大镜般，将某些细节无限放大，通过网民间的相互博弈，推动舆论扩散和升级，任何看似无意的微小的"举动"和"信息"，都可能在短时间内成为引爆舆论的导火索，而发展为社会热点舆论事件。

1.3.2 蒸腾模式与多中心模式

随着互联网、人工智能、物联网等媒介技术的发展，微博、微信、短视频、直播平台等社会化媒体的发展与普及，以去中心化、交互性和社会化为特点的网络新技术，改变网络资讯市场生态，实现"人人都有麦克风"技术赋权。人类传播模式由点对面的单向性大众传播，转向以个人为节点的多对多复杂网络。借助社会化网络的复杂传播，舆论传播进入多元模式时代。最为明显的变化是舆论传播中的信息流向，由自上而下更多地转变为自下而上。

美国学者乔万尼·萨托利（Giovanni Sartori）在《民主新论》书中分析舆论的"蒸腾模式"与"瀑布模式"。信息水簇以瀑布的方式从较高的传播系统向较低的传播系统流动。在流动过程中水簇会经过一个一个的水潭：社会精英—政府人士—大众媒体—意见领袖—普通大众。"瀑布模式"是一种自上而下传播的精英舆论模式，信息难以由下而上流动，普通大众与精英阶层以及权力核心对话渠道匮乏。在信息流动的过程中，社会精英层也可以直接与政治系统和大众传媒相通。各个水潭中也会有部分向上蒸腾的过程，这个过程的信息流动则从普通大众开始，经由意见领袖和大众传媒放大，最终形成舆论影响精英阶层和政治系统。随着媒介技术发展，原本没有出口的话题和情绪，借助自媒体实现点滴舆论聚沙成塔，逐渐发酵成强大的舆论合力，网络资讯市场呈现"沸腾模式"与"多中心模式"，还可能存在舆论的"涌现模式"，即话题和事件本身极具引爆力，可在短期内引起公众强烈关注，形成舆论热点。❶

以社会化网络为基础的自媒体传播是"弱连接"传播与"圈子化"传播，居于网络核心节点的用户，依赖于"圈子内"的封闭式嵌套和"圈子外"的开放式勾连来实现话题聚合，引发大范围舆论传播。圈子内封闭式是指基于特定的话题、利益或兴趣点形成的圈子共同体，圈子呈闭环，较少受外部因素影响；圈子外的勾连是指处于关键节点位置的用户在异质圈子间搭桥，

---

❶ 乔万尼·萨托利. 民主新论 [M]. 冯克利，阎克文，译. 上海：上海人民出版社，2009：107–109.

促使不同圈子形成套嵌结构洞关系，实现圈子间互动勾连，增强舆论传播的范围和影响力。随着"网络问题社会化、社会问题网络化"趋势加剧，基于公共话题的各方舆论博弈日趋激烈复杂。自媒体传播的平民化、去中心化、圈子化、互动性、开放性等特性，使得网络资讯市场呈现非线性离散传播，圈子化群体传播、去中心化传播、滚雪球特征与蝴蝶效应等，可使舆论在瞬间扩散放大并快速蔓延至其他领域。

在媒介技术与资本市场的融合催化下，自媒体迅速成长为"独立于传统社会话语场域的全新社会舆论场域，扮演着信息源和桥节点角色，成为整个社会话语场域的舆论策源地、信息动力源和情绪发酵池，为公众与公权力直接对话与博弈创造可能"。❶中国的大众传媒舆论场上，报纸、杂志、电视等传统媒体式微，议程设置和舆论把控能力下降，"两微一端"成为人们了解新闻时事的第一信息源，成为社会话语博弈新引擎，在权利关系的重构与博弈中，"舆论一律"模式被打破，网络资讯市场衍生出"蒸腾模式"与"多中心模式"的特征，民间舆论场发展成为可以与官方舆论场博弈的话语体系，舆论呈现多元化与分层趋势，多元话语博弈成为"新常态"。

1.3.3　"极化"倾向与渗透性

1961 年，美国学者詹姆斯·斯托纳（James A. F. Stone）提出群体极化现象，如果一开始群体内成员的意见比较保守，经过

---

❶ 李彪，郑满宁. 从话语平权到话语再集权：社会热点事件的微博传播机制研究［J］. 国际新闻界，2013（7）：6－15.

群体讨论后，决策就会变得更加保守；如果个人意见趋向于冒险，那么经过讨论后的群体决策就会更趋向于冒险。即相比个人决策，群体决策更加容易走向极端。❶ 美国学者凯斯·桑斯坦（Cass R. Sunstein）对群体极化界定为，"团体成员一开始即有某些偏向，在商议后，人们朝偏向的方向继续移动，最后形成极端的观点，从而偏离最佳决策"。❷ 凯斯·桑斯坦研究互联网视角下的群体极化现象提出，在网络和新传播技术领域里，志同道合的团体会彼此进行沟通讨论，到最后他们的想法和原先一样，只是形式上变得更极端了。每一个成员都被群体中成员认同与支持，这会带给群体内每一个成员极大的强化力量，多股被强化后的力量互相作用并重复作用，群体就会产生膨胀后的巨大能量，甚至逐渐变得极端。经由群体讨论之后所形成的群体态度，往往比讨论之前群体成员个人态度的平均值更趋向极端化。❸

随着智能媒体技术发展，协同过滤推荐算法被广泛应用于信息传播，由此产生的"过滤气泡"，进一步扩大个体偏见、群体偏见和系统偏差，进而加速舆论极化现象的扩散。❹ 网络资讯市场的碎片化表达——随时随地、无逻辑、无结构、无主题、无关联的内容表达方式，导致传统的系统性表达被解构。网民通过微

---

❶ STONE JAMES A. F. A Comparison of Individual and Group Decisions InvolvingRisk [D]. Cambridge：Massachusetts Institute of Technology，1961.

❷ 凯斯·桑斯坦. 网络共和国——网络社会中的民主问题 [M]. 黄维明，译. 上海：上海人民出版社，2003：47.

❸ 袁慧，李锦珍. 网络群体极化表现及其特征 [J]. 现代传播，2016（9）：140 - 142.

❹ PARISER E. The filter bubble：What the Internet is hiding from you [M]. London：Penguin UK，2011：5.

博、微信、短视频、直播等平台对社会热点事件及焦点话题的讨论与评价，倾向于极端、片面、情绪化的表达方式，不同圈子网络群体成员的情绪和意见激烈碰撞，言语与观点不断激化、固化，形成比个体意见更具冒险性和破坏性的极端意见，出现网络对峙与网络声讨甚至是网络暴力，话语博弈陷入无意义、无价值的聒噪和争论之中，加剧话语博弈主体的误解和冲突。而情绪化、丧失理性的群体极化舆论场容易混淆事实，产生极端言论，还会打破虚拟网络和现实之间的壁垒，网络强大的舆论力量会向现实生活渗透，诸如发起"人肉搜索"等网络暴力行为，迫使当事人作出符合大众预期的行为反应，极大地侵犯当事人的隐私权，甚至威胁到当事人的安全。

1.4　网络资讯市场逆向选择的特征

截至 2023 年 1 月，全球互联网用户达 51.6 亿，其中社交媒体活跃用户高达 47.6 亿。❶ 根据 2022 年《中国互联网发展状况统计报告》显示，截至 2022 年 6 月，我国网民达 10.51 亿。智能手机、社交媒体、人工智能等传媒技术不断更新，将大众带入传统媒体与新媒体传播语境交融共生的人工智能时代。媒体行业迈入以"万众皆媒、万物皆媒"为表征的智能媒体时代，新的媒体环境赋予信息独特的传播特征，网络信息传播逐渐由扁平化

---

❶　SIMON KEMP. Dgital 2023：Global Overview Report［R/OL］．（2023 – 01 – 26）［2023 – 05 – 19］https：//datareportd. com/reports/digital – 2023 – global – overview – report.

媒介向立体化信息互联体系转变。与之相伴相随，信息以喷涌式激增，社交平台正越来越实质性地成为人们接触新闻的渠道、想象世界的方式和建构价值观的来源。

但智媒时代，技术是把"双刃剑"，既可生产海量信息，亦可助推假新闻传播，又可阻断假新闻流传。由于社交平台的弱关系属性、低度纠错能力、资本运作逻辑等多重因素，真相与谣言相伴相生，社交平台假信息与传统假新闻最大不同之处在于，生产与传播具有"智"的特征，造假手段的智能化和传播扩散的"拟人化"等新特征，极大限度争取日渐稀缺的注意力资源。例如，社交机器人（Social Bots）参与假新闻扩散，诸多散布或推送假新闻的账户，用户难以分辨是人还是社交机器人。据调查，在散布假新闻的账户中，三分之一到三分之二是社交机器人账户。有研究称，在中国近六成假新闻首发于微博。微博平台开放性高，像一个公开的信息交流广场，人人都可以在上面发布信息，因而成为众多新媒体假新闻的信息源。《中国新媒体发展报告》显示，虽然微信首发的假新闻数量不多，仅占新媒体假新闻的7%，但因其封闭式传播环境，自我纠错能力弱，不像微博弱关系大圈子易形成不同信息之间的对冲，且微信"强关系链"之间存在"人情""面子"等纠错障碍，辟谣难度大。虚假内容在推特（Twitter）上传播给1500人的速度要比真相快6倍，咨询公司高德纳（Gartner）称，到2022年大多数发达国家用户接触的虚假信息将多于真实信息。❶ 可见社交媒介在提供海量信息的同时，也在谣言传播

---

❶ 张超. 社交平台假新闻的算法治理：逻辑、局限与协同治理模式［J］. 新闻界，2019（11）：19－28.

中起到关键作用，不仅使传播速度、传播周期发生改变，也改变了谣言的传播形式与影响范围，智能媒介技术的发展，催生网络资讯市场逆向选择现象，谣言、流言等低质量信息以网状式极速扩散传播。资讯的逆向选择在"有限注意空间"和"占主导地位的社交媒介融合"语境下极易煽动民众情绪，加之民众对国家政策、官方消息、科学常识等了解匮乏，谣言在社交平台快速扩散，因此对于网络资讯市场逆向选择现象研究尤为迫切。

网络资讯市场逆向选择在发展演变过程中，具有其独特的表现特征。

第一，明显的阶段性。网络资讯市场逆向选择发展演化的不同阶段呈现出不同的特点。国内学界将网络资讯市场的逆向选择演化发展大致可分为四个阶段，分别为形成阶段、高涨阶段、波动阶段、消退阶段。在逆向选择形成阶段，权威信息尚未公开，正是谣言、流言与小道消息萌芽与形成时期，随着谣言与流言数量增多与权威信息的空缺，网络资讯市场的逆向选择呈现出较强势头。高涨阶段是网民参与热度最高的阶段，此时权威信息虽已发布，但面对数量庞大的谣言、流言，权威信息的影响力尚未处于绝对优势地位，正与谣言、流言进行交锋与对阵，此时逆向选择程度依旧较高，有时甚至达到最高点。在波动阶段，权威信息的数量与影响力日趋渐长，部分虚假谣言已无传播空间，但新的谣言又出现，此时的逆向选择呈现出时高时低的特点，在权威信息较强时，逆向选择程度低，在谣言势头猛而权威信息缺失时，逆向选择程度升高。在消退阶段，逆向选择呈现出衰退或沉寂特点，衰退的原因或是事件被解决，或是谣言被攻破，或是网民关注点转移，或因封闭消息等情况。若是在事件被解决与谣言被攻破的情况下，逆向选择呈现衰退特点；若是网民关注点转移或是封闭消息等消极解决方式下，逆向选择呈现阶段性沉寂的特点；一旦有新的诱因或者关联性事件发生，逆向选择便会更迅速更强劲地出现。

第二，集体无意识性。集体无意识性概念由瑞士著名心理学家荣格（Carl G. Jung）提出，他认为集体无意识是人格结构中最深层次的无意识，是一种世代相传的活动方式或同类经验在社会成员心理上形成的沉淀物、遗传痕迹或者是普遍精神，其形成离不开社会共同规范和价值观念的碰撞与互动。❶ 张健挺等认为，对于个人而言，早在其出生时集体无意识就已为个体提供预先形成的行动模式与思维方式，使得人们能以某种方式感知到社会事物并对其作出反应。❷ 对于群体来说，集体无意识将导致全体出现理性的疯狂。因个体本身处在一定的社会关系中，在作出各种社会行为决策时，在人们深层潜意识里会将社会价值标准或者是多数人的行为倾向作为决策参照依据，甚至会不自觉无意识地参考、模仿他人的言行举止，或许这些个体的行为初衷是期望能与多数人达成一致，获得社会认同与承认，避免被多数人排斥与孤立，这就致使个体在无意识中保持与社会共同价值与规范相一致，从而形成一种普遍的社会意识与较为一致的行为方式。人在不同

---

❶ 荣格. 论分析心理学与诗的关系 [M]. 叶舒宪, 编. 西安: 陕西师范大学出版社, 1987: 99.

❷ 张健挺, 蔡克平. 负传播的集体无意识解构 [J]. 新闻与传播研究, 2003 (4): 61 - 65.

的情境中都渴望并努力争取其所属共同体的认可，人们往往敏感于他人的意见并屈从于共有的价值与规范系统，争取他人认同以形塑良好自我形象的动机已先入为主地植入并占据社会人的思维。❶ 美国学者戴维·迈尔斯这种从众行为从心理学的角度解释是因为认知失调和对孤独的惧怕，群体的压力会让人产生焦虑、孤独与失调感，而从众行为正是减少失调与孤独的一种有效方法。❷

网络新媒体发展颠覆了传统信息传播模式，网络成为意见与观点表达的舆论场，网络的高度自由性、开放性、匿名性及低门槛等特征使其成为群体意见聚合与交换的活跃平台。戴维·波普诺（David Popenoe）认为，集体无意识在网络空间表现得更为明显与激烈，在网络空间，个体容易在相对自发、无组织和不稳定的情况下，因某种外界因素而诱导激发集体无意识行为。❸ 从一定程度上说，网络资讯市场逆向选择是集体无意识行为在网络空间的表现形式与发展产物，具有较为强烈的集体无意识性，美国学者克特·W·巴克（Kurt W. Back）认为，这是一种自发产生，相对没有组织，甚至是不可预测的，依赖于参与者相互刺激的行为后果。❹ 在网络资讯市场发展演变中，个体在面对海量信息席卷的网络环境里，古斯塔夫·勒庞（Gustave Le Bon）认为，个

---

❶ WRONG DENNIS. The Oversocialized Conception of Man in Modern Sociology ［J］. American Sociological Review, 1961, 26（2）: 183 – 196.

❷ 戴维·迈尔斯. 社会心理学 ［M］. 张智勇, 等译. 北京: 人民邮电出版社, 2006: 55 – 57.

❸ 戴维·波普诺. 社会学 ［M］. 刘云德, 等译. 沈阳: 辽宁出版社, 1988: 566 – 567.

❹ BACK K W. Teaching Social Psychology as the Human Adventure ［J］. Teaching Sociology, 1984, 11（2）.

体容易被"集体幻觉"所支配，被狂热情感暗示与感染，非理性情绪高涨，群体意识迅速转变为夸张非理性的群体情感，从而呈现出集体无意识的心理特征和行为方式。❶ 网络资讯市场逆向选择的这一特性将人们的思维、判断、决策与行为等成为不自觉的无意识活动，将理性个体置于群体意识流中，个体暂时失去理性判断与自我控制，被极具感染力的集体意识流左右与支配。

第三，漩涡型复式传播。所谓漩涡型复式传播是一种融合传统媒体、网络媒体、自媒体以及人际传播于一体的多信源、多途径、交叉组合的传播方式，呈现多向性、交叉性、互动性、反复性等传播特点，易形成信息引力巨大的传播漩涡，爆发出不可估量的舆论力量，使得信息传播覆盖面按几何级数增长。

网络资讯市场逆向选择具有漩涡型复式传播的特点：从逆向选择本身来说，其现象一旦出现，它的发展势头与波及速度便会以几何级数增长，使得越来越多的网民集体无意识地陷入舆论漩涡中，导致负面舆论能量不断积聚壮大直至井喷；同时，逆向选择又会诱使负面信息处于漩涡型复式传播状态。在网络资讯市场博弈中，导致逆向选择的谣言、流言等低质量信息借助口头传播、互联网、移动媒体、智能媒体等多途径交叉性、多向性、强反馈的传播模式，通过微博、微信、社交网站、论坛等新媒体平台聚焦，经过转载、超链接、复制粘贴、分享等方式相互连接，构成庞大而分散的网络资讯市场传播圈，使得负面信息如葡萄藤般盘根错节或如滚雪球速度般迅速壮大，从而加重恶化网络资讯

---

❶ 古斯塔夫·勒庞. 乌合之众——大众心理研究［M］. 冯克利，译. 北京：中央编译出版社，1998：24 –28.

市场发展态势使得逆向选择程度加重，由此形成恶性循环。

第四，变异性。在公共事件的网络资讯市场演变发展过程中，刘冰玉等认为，逆向选择会导致舆论事件脱离或改变原来事件本身或原有属性，出现议题流变、指向扩散等现象，变异为能刺激网民敏感神经的公共舆论危机。❶ 网络资讯市场逆向选择使得本来就被舆论高度关注的社会事件，在网络聚光灯照射下不断聚焦升温，迅速向外扩散转移，不断产生与舆论事件相关的新议题，并使得网络资讯市场出现一波未平一波又起的状态。谣言、流言、小道消息等低质量信息在网络资讯市场传播过程中，往往会被传播者以增减、修改、联想等方式再创作而出现多版本。凭借网络资讯市场中高关注度、高传播速度的热点事件，微博、微信、论坛、抖音等自媒体纷纷聚焦相关话题，衍生变异成与热点话题相关的次生灾害。在网络资讯市场发展与演变过程中，逆向选择会在一定阶段出现消退趋势，但只要公众关心的热点问题没有彻底解决，公众的疑问未得到科学合理的解释，逆向选择会在外界的诱因下卷土重来，出现多次反复使得网络资讯市场无法实现有序运转。

---

❶ 刘冰玉，凌昊莹. 从社会学视角探讨网络媒介环境中群体性事件的舆情变异[J]. 现代传播，2012（9）：111 – 115.

第2章 网络资讯市场逆向
选择的形成机制

本章构建网络资讯市场逆向选择博弈模型来阐述网络资讯市场逆向选择的形成机制。

2.1 基本假设

假设在网络资讯市场博弈场中存在两种类型信息,分别为高质量信息与低质量信息。高质量信息与低质量信息从信源上看,通常认为具有较高公信力、美誉度的机构组织或者个人,发布的信息属于高质量的概率较大。从信息内容看,高质量信息是指客观、理性、公正、接近真相、被证实的权威信息;低质量信息指片面、低俗、失实,已经被查证的谣言、虚假消息等。

假设高质量信息提供方为 I_H,低质量信息提供方为 I_L,其中 I_H 的比例为 x,则 $x \in [0, 1]$;低质量信息生产成本为 C_M,高质量信息的生产成本为 αC_M($\alpha > 1$);网民选择关注网络媒体提供的信息(关注的概率设为 y,则 $y \in [0, 1]$),网民关注可以为网络媒体带来的收益为 E,网络媒体提供低质量信息被识别的

概率为 p（$0 \leqslant p \leqslant 1$），发现后受到惩罚额为 θE（$0 \leqslant \theta \leqslant 1$）；网民信息搜寻成本为 C_P，网民从低质量的舆论信息中可以获取的效用是 U，而从高质量的信息中得到的效用是 βU（$\beta > 1$）。

假设在一定时期，受众的注意力资源是一个恒定值，高质量信息占据受众注意力资源比例越大，则意味着低质量信息占据分量越小；反之亦然。在此假设中，高质量信息与低质量信息是此消彼长的零和博弈关系。

2.2　网络资讯市场逆向选择博弈模型构建

根据以上假设，建立网民与网络媒体博弈的收益矩阵，如图 2 - 1 所示；同时建立不同质量网络信息与关注度关系的坐标图，如图 2 - 2 所示。

网络媒体

		提供高质量信息（x）	提供低质量信息（$1-x$）
	关注（y）	$\beta U - C_\mathrm{P}$，$E - \alpha C_\mathrm{M}$	$U - C_\mathrm{P}$，$(1-\theta)E - C_\mathrm{M} - pE$
网民	不关注（$1-y$）	0，$-\alpha C_\mathrm{M}$	0，$-C_\mathrm{M}$

图 2 - 1　网民与网络媒体收益矩阵

如果网络资讯市场传播双方对舆论事件拥有完全的信息，正常的情况下，不同质量的信息提供方会受到网民的区别对待，高质量的信息及时准确的传播能够给网民带来较大的效用，获得网民较高的关注度，这可以看作是对高质量信息提供方的鼓励和奖赏；而低质量的信息提供方很少获得大家的关注，这可以看作是对低质量信息提供方的惩罚。如果高质量信息提供方受到网民的持续关注，更多的信息提供方就会倾向于提高其信息质量，网络环境中会出现越来越多的高质量信息提供方；反之亦然。但是事实上，由于网络信息传播双方存在信息不对称，大多数网民没有时间和精力去鉴别信息的质量，信息在消费终端没有得到有效区分，这就导致那些低质量的信息提供方借助其低成本优势获取较高的信息收益（包括经济利益和社会效益）。在没有外界监管的情况下，较高的收益会将一些高质量信息提供方引向制造传播低质量的信息，从而进一步拉低整个网络资讯市场信息的质量水平，网民能够获得的高质量信息概率变得更低，从而导致网络信息市场整体的恶化。网络信息的逆向选择机制，如图2-2所示。

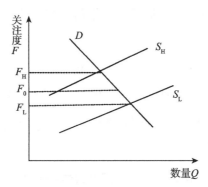

图2-2 不同质量网络信息与关注度关系

假定网民对高质量信息和低质量信息网络媒体的需求曲线重合于 D，S_H 为高质量信息的供给曲线，S_L 为低质量信息的供给曲线，F 代表关注度。高质量信息可以给网民带来更高的效用，因此应该获得更高的关注度 F_H，低质量的信息其效用相对较低，

获得较低的关注度 F_L，这种情况下信息供给和需求达到均衡。但是由于在网络环境中，网民很难有效地对高质量和低质量的信息进行区分，只能按照两种质量信息的平均概率给出关注度 F_0，$F_L < F_0 < F_H$，因此高质量的信息获得的关注度低于应得的关注度，其关注度损失为 $F_H - F_0$，同时由于其信息生产成本较高 $\alpha C_M > C_M$（$\alpha > 1$），面对较高的成本以及网民关注度的损失，高质量信息的生产积极性受到打击。与此同时，生产低质量信息的网络媒体获得了高于预期的关注度，其信息生产的低成本优势进一步鼓舞了低质量信息的生产积极性，作为理性的信息生产者将会生产更多的低质量信息，这样循环往复将导致低质量信息在网络环境中持续增加，最终将高质量信息提供者挤出网络信息市场，从而引发网络媒体信息逆向选择。

2.3 问卷调查

在第 1 章，我们引入阿克洛夫模型阐述网络资讯市场逆向选择的形成机制，为进一步剖析阐述网络资讯市场逆向选择的形成，掌握网民传播低质量信息动因提供第一手资料，笔者做了一次主题为"谣言为何能广泛传播"的小规模问卷调查，通过微信朋友圈、电子邮件、邮箱、走访等方式发送调查问卷，共收回 220 份有效答卷。

被调查人群的年龄结构为，18～25 岁年龄段的受访人员 71 人，占总人数 32.3%；26～35 岁的人数为 88 人，占总人数的 40.0%；36～45 岁年龄段人数为 33 人，占 15.0%；46～55 岁年龄 22 人占 10.0%；56 岁以上为 6 人，占总人数的 2.7%。在这 220 名调查对象中，100% 的调查对象都是网络用户，都有自己的微博、微信账号，80.0% 的受访者表示平时获取信息最主要的方式为手机终端，包括微博、微信、网易 App、新浪 App；12.5% 的受访者表示平时获取信息较多的渠道为 PC 终端，主要为门户网站、论坛等；7.5% 的受访者表示以电视、报纸等传统媒体为主。

在受访者中，有 188 人约 85.5% 的受访网民回忆在面对过往突发焦点事件时，曾有过传播、转发消息的行为，仅 32 人表示自己没有传播行为。

有过传播行为的 188 名受访者，在回答为何传播、转发谣言的多选题中，有 90% 的受访者认为自己之所以传播原因是信息不透明，权威部门不能及时公布准确信息，不了解真实情况，无从知晓真相，官方辟谣后才恍然大悟是谣言；40% 的受访者反省自身原因，认为是自身知识有限或者疏忽大意；45% 的受访者认为是谣言撰写逼真，具有很强的迷惑性；50.9% 的受访者认为，流传的谣言常常被证明是尚未被披露的真相，姑且相信谣言；60% 的受访者则表示自己是人云亦云，跟风凑热闹。其中表示因完全误信谣言而传播的受访者比例约 25.9%；有约 55.4% 的受访者表示是对小道消息半信半疑，想知道更多真相才转发；有 70% 的网友认为部分谣言是未被证实的真相；30% 的网友称是因为从众心理并无明确目的转发谣言；55% 的网友觉得谣言在一定程度上迎合自身心理预期；35% 的网友认为转发可形成强烈的舆论阵势倒逼真相；35% 的网友认为转发传播谣言可以博取关注度。

其余的 32 名从未有传谣行为的受访者中，有 23 人表示没有转发、发布过谣言信息，而这 23 人中有 14 名受访者表示自己从未有传谣仅仅是因为上网习惯，在网络上只是浏览信息，从不转发或发布信息；只有 9 名受访者表示，自己没有传谣是理性思考的结果，他们每发一条信息前都会经过理性辨别，从不传播未经证实的低质量信息。

从问卷调查的结果来看，信息不对称、不透明，网民不能及时了解权威准确信息是网民传播、转发谣言的最主要原因，也是网民误听误信谣言的根本诱因。调查结果在一定程度上证明当权威信息匮乏，网络上充斥着低质量消息时，网民会以跟风、凑热闹或是倒逼真相的心态不停地转发、点击、评论低质量消息。在信息漩涡中一直能保持清醒头脑理性辨别每一条信息的网络用户数量则非常少，情绪化、偏激的声音会淹没理性声音。在这种情形下，低质量信息声势浪潮压过高质量信息，出现恶性循环，偏激、情绪化声音越来越强，理性声音越来越弱，形成沉默螺旋，使得低质量信息越来越多，高质量信息越来越少从而导致逆向选择形成。从问卷调查的结果分析来看，与上文阿克洛夫模型论证的结果基本符合。此外，导致网络资讯市场逆向选择还有诸多诱导因素，本书将予以详细论述。

2.4 网络资讯市场逆向选择诱导因素

本章试图从传播学、博弈论与信息经济学角度探寻影响网络资讯市场逆向选择的因素内在动因与外部条件因素。我们认为信息成本是网络资讯市场逆向选择的内部因素，信息传播规律是网络资讯市场逆向选择的推动因素，互联网注意力经济时代的到来是网络资讯市场逆向选择的外部条件。

2.4.1 信息成本

1. 信息生产成本

美国学者布赖恩·卡欣（Brian Kahin）认为，"信息生产成本指生产信息组合附加产品的成本，包括信息生产过程中产生的存储、处理、传播等成本"。[1] 法国学者那丁·土桑·德莫林（Nadine Toussaint – Desmoulins）认为，信息生产成本是一种智力成本，涉及所有与信息策划和管理相关的成本。[2] 对于网络资讯市场而言，信息产品的生产成本 C，与需求量 D 成反比，是边际成本递减函数，具有很强的规模经济特性。生产制作首份信息产品的成本要花费的人力、物力、财力成本可折算成货币成本 C_1，复制信息的成本为 C_2，信息的生产传播数量为 N，生产信息的总成本为 $C = C_1 + NC_2$，制作 n 份信息的平均成本为 $C_n = \dfrac{C_1 + NC_2}{N}$。制作生产第一份原创信息产品的成本 C_1 较高，即固定成本很高，而现代信息技术对信息产品的复制再生产的成本 C_2 非常小，几

---

[1] 布赖恩·卡欣，哈尔·瓦里安．传媒经济学——数字信息经济学与知识产权 [M]．常玉田，等译．北京：中信出版社，2003：118.

[2] 那丁·土桑·德莫林．传媒经济 [M]．朱振明，译．北京：中国传媒大学出版社，2012：33.

乎可以忽略不计，即可变成本极低。其平均成本可简化为 $C_n = \frac{C_1}{N}$，复制再生产数量 N 越大，平均成本 C_n 则趋向无穷小。这便导致信息产品的另一成本特性，生产信息的固定成本中，绝大部分是沉没成本，如果信息产品生产中断，或者生产制造出来后未能大批量复制传播，那么前期投入的成本将无法收回。

接着比较高质量信息与低质量信息制作成本。组成权威信息生产成本包括采集成本、制作成本、把关成本、发布成本。而这些工作内容都需花费一定的人力、物力、财力等。采集成本主要指为生产信息进行的调查、采访、考证、搜索、调研等一系列信息收集活动所耗费的各种成本。制作成本主要指撰写、加工、编辑、创造、整合等信息生产环节耗费的人力、物力、财力。法国学者那丁·土桑·德莫林（Nadine Toussaint – Desmoulins）认为，智力生产成本涉及所有策划与管理相关的成本，其中编辑成本约占整个出版流程成本的20%。❶ 把关成本指对信息进行审核、修改、过滤、筛选消耗的物质材料、劳动力与时间成本等。权威信息与低质量信息的成本差异很大程度上体现在把关成本上。法国学者让－诺埃尔·卡普费雷（Jean – Noel Kapferer）认为：谣言是在社会生活中出现并广泛流传且未经官方公开证实，或者已经被官方辟谣的信息。❷ 美国学者彼得森（Peterson）认为谣言是没有被证明是真实的、流传于人与人之间的公众关注的问题、事

❶ 那丁·土桑·德莫林. 传媒经济 [M]. 朱振明，译. 北京：中国传媒大学出版社，2012：34.

❷ 让·诺埃尔·卡普费雷. 谣言——世界最古老的传媒 [M]. 郑若麟，译. 上海：上海人民出版社，2008：15.

物或事件的解释或叙述。**❶** 我国学者周晓虹认为，从社会心理学的角度说，流言和谣言都是社会大众中传播的未被确证，且以几何级数的方式扩展的信息。从诸多中外专家对谣言的定义可以归纳总结出，是否被确证是谣言与权威信息的最大区别，而确证信息的真伪要付出调查成本与审核成本即把关成本，调查成本与把关成本在高质量信息成本组成中所占比重最大。

发布成本指将信息传送到网络、手机等终端过程中消耗的通信传输设备成本、劳动力成本、信息保存成本等。假设发布高质量权威信息的成本为 C_q、组成权威信息成本为采集成本 C_{q1}、制作成本 C_{q2}、把关成本 C_{q3}、发布成本 C_{q4}。流言的信息成本为 C_d，网络流言低质量信息是未经正式途径传播的消息，即道听途说的小道消息，不需要实地考察、搜索整合、采访调研等耗时耗力较大的复杂环节，其采集成本几乎为 0，即 $C_{d1} = 0$。在制作成本上，高质量信息讲究原创、整合，需要花费脑力劳动与创作时间，而流言只要复制、转载或抄袭，机械重复性简单劳动即可，不需要创造性的脑力劳动，即 C_{d2} 趋向无穷小。在把关成本上，流言没有把关环节，$C_{d3} = 0$。在发布成本上，权威信息通过政府信息网、主流媒体门户网站、官微、官方公众号等正规认证网络媒体途径传播；而流言则可通过微博、微信、BBS 等任何自媒体传播，权威信息的发布成本要高于流言。

那么，发布权威信息的成本 $C_q = C_{q1} + C_{q2} + C_{q3} + C_{q4}$；而生产发布流言的成本 $C_d = C_{d2} + C_{d4}$。为了简化分析，假设权威信息

---

❶ PETERSON W A，GIST N P. Rumor and Public Opinion ［J］. The American Journal of Sociology，1951，57 （2）：159 – 167.

采集成本 C_{q1} 为 2 个单位，制作成本 C_{d2} 为 2 个单位，把关成本 C_{q3} 为 4 个单位，发布成本 C_{q4} 为 2 个单位。流言的制作成本 C_{d2} 为 0.5 个单位，发布成本 C_{d4} 为 0.5，则权威信息的成本为 10，流言的成本为 1，权威信息的生产成本是流言的 10 倍。

2. 信息搜寻成本

20 世纪 60 年代，美国著名经济学家、诺贝尔经济学奖获得者乔治·斯蒂格勒（George Joseph Stigler）在研究分析不完全信息博弈理论的基础上，把信息与成本、产出相联系提出搜寻概念。1961 年，乔治·斯蒂格勒在著名的 *Journal of Political Economy* 杂志上发表的《信息经济学》一文中称，经济主体在经济行为的初始阶段掌握的经济信息是有限的，是不完全信息，信息不完全决定其经济行为具有较大的不确定性，势必影响经济主体做最优决策，因此经济主体需要对相关信息进行搜寻，而搜寻信息需要成本。[1] 经济社会生活中的一切决策都需要搜集大量的信息作为参考依据，但因信息的分散特性，政府决策者收集信息需要耗费较高的搜寻成本。网络信息搜寻在一定程度上遵循乔治·斯蒂格勒提出的搜寻理论，他认为在现实的社会经济活动中，交易双方找到合适的交易目标、对象都需要付出搜寻成本。[2]

在当前信息过剩而注意力稀缺的互联网信息经济时代，网民

---

[1] 乔治·斯蒂格勒于 1961 年在 *Journal of Political Economy* 发表 The Economics of Information 一文，他认为，搜寻信息的成本主要由时间和"鞋底"两部分组成，时间是指搜寻有效目标信息需要耗费的时间，"鞋底"主要指包括交通成本、精力成本、金钱成本在内的各种查询费用。

[2] 方兴起，邓理兵. 2010 年诺贝尔经济学奖获得者的市场搜寻理论的介评 [J]. 马克思主义研究，2011（2）：43-46.

获取信息需要付出的成本发生了较大变化，从原来购买杂志、订阅报刊支付的信息费用，逐渐转变为获取有效信息而付出的搜寻成本。网民的信息搜寻成本是指网民为获取有效信息，在互联网上对信息进行反复搜索而支付的各种成本总和，包括货币、时间、精力及各种不确定风险等。黄希庭信息论学科中的信号检测理论（Signal Detection Theory），研究阐述人们在对事物不确定的情况下如何作出反应与决定。信号检测理论揭示，人对信息的反应分为四种：集中、正确拒斥、虚报和漏报。集中是指准确搜索到预期的目标信息；正确拒斥指辨别剔除信息噪声；虚报是指误将噪声归类为目标信息；漏报是指把目标信息误当成信息噪声排除掉剔除。[1] 信息搜寻成本大致等于获得目标信息的成本与排除信息噪声成本两者的总和。一定程度上，排除信息噪声成本成为互联网时代搜寻成本中的难题。网络资讯市场逆向选择的发生，是因为网民没有剔除信息噪声，误将信息噪声当成目标信息而导致。

既然存在搜索成本，对于网民而言，从博弈角度看，他们的选择集合就是"搜索"与"停止搜索"。如果搜寻者决定"搜索"，意味着搜寻者继续在互联网寻求新的更多的信息内容；如果网民决定停止搜索，就意味网民已经在已搜寻到的信息集合里作出自己选择，接受认可搜寻对象，搜寻过程结束。但在一件热点事件发生、发展、消停的过程中，搜寻者的搜索行为不会一直进行下去，因为随着搜寻次数的增加，搜寻的边际收益在逐渐下

---

[1]　黄希庭. 心理学导论［M］. 北京：人民教育出版社，1993：20 – 25.

降，当搜索行为的预期边际收益无限接近或等于边际成本时，搜寻活动将会自然终止。乔治·施蒂格勒认为，搜寻的最佳次数是取决于搜索的边际成本与边际收益之间的对应关系，在边际搜寻成本等于边际搜寻收益时，可实现经济学上认为的收益最大化。❶

在重大突发事件发生后，由于信息不对称，网民为寻求有效信息，以消除各种疑虑与不确定性，需要在各大不同网络媒体、移动媒体搜寻、比较、甄别有效信息。信息搜寻可帮助网民多角度、多方位、多层次获取舆论事件信息，从而对事物的全貌作出较为客观、全面的认识。但由于搜索成本的存在，当搜索成本远大于搜寻行为带来的收益时，搜寻行为将会放弃或者被终止。对于网民而言，时间是一种稀缺资源，尤其是当网络上充斥雷同、类似信息时，搜索者便会停止搜寻，接受现有信息。在一定程度上，网络信息多样化会延长搜寻者愿意付出的搜索时间，信息同质化、千篇一律则会大大缩短搜寻者愿意花费时间。

综上所述，由于信息具有成本属性，对于信息提供者而言，高质量信息的制作成本要远远高于低质量信息，尤其在信息不对称环境下，低质量信息具有成本低、发布快、收益好等诸多优势；而高质量信息则要耗费较高制作成本，制作周期较长，发布速度慢等劣势，这就致使信息提供者倾向制作低质量信息。而基于人工智能个性化推荐算法带来同质化信息的汇聚，与大量同质化的信息过度连接使用户产生深深的倦怠，信息疲劳综合征成为

---

❶　乔治·施蒂格勒. 信息经济学 [J]. 政治经济学杂志, 1961, 69 (3).

一种时代病症。❶ 在一定程度上，用户搜索浏览时间越长，得到多样化信息可能性降低，同质化程度越高。从信息搜寻成本角度来说，网民对信息的搜寻并非无止境的，搜寻行为随着边际效益的降低而逐渐减少直至停止。在信息不对称情况下，网民想要获得有效信息将付出较高代价抑或者徒劳无获，多数网民在接触到已形成较大传播声势与影响力的信息时，往往选择接受并停止搜寻，而在网络传播时，最早形成较大传播声势的往往是成本较低的低质量信息，因此多数网民在接触到低质量信息后，选择停止搜寻，从而促成信息逆向选择。

2.4.2 传播规律——沉默螺旋与反沉默螺旋

信息传播规律遵循沉默螺旋定理，但在网络传播的特定情境下，信息传播又将遵循反沉默螺旋规律传播，沉默螺旋与反沉默螺旋定理是网络资讯市场逆向选择的助推因素。

1973年，德国著名的大众传媒学家、社会学家伊丽莎白·诺埃尔–诺伊曼提出沉默的螺旋理论（The Spiral Of Silence），该理论阐述了大众舆论的产生与传播遵循沉默螺旋定理，解释大众舆论如何影响个体的意见及行为，即人们意见的表达在很大程度上受到他们感知到的社会大众意见的影响。❷ 其假设基础是，人们对于社会意见的判断源于媒体传播的内容，人们为了避免因意

---

❶ 韩炳哲. 在群中：数字媒体时代的大众心理学 [M]. 程巍，译. 北京：中信出版社，2019：86.

❷ 伊丽莎白·诺尔–诺依曼. 沉默的螺旋 [M]. 董璐，译. 北京：北京大学出版社，2013：5.

见不同或者对立而被周遭环境隔绝或被社会群体孤立，个人在表达观点之前会观察考量周边环境与多数意见，当发现自己持有的意见与多数人保持一致，属于优势派时，人们便倾向大声表达自己的观点；而当发现自己意见属于劣势意见时，人们会迫于周围环境压力而保持沉默或者附和。大众媒介传播表达的观点与意见具有广泛性、公开性、传播速度快、影响力大等特点，通常被社会视为主流观点与优势意见，优势意见在大众媒介的传播下大声疾呼，而劣势意见愈发沉默，这就导致优势意见越来越强，少数派声音越来越弱，这个理论较为贴切地解释了信息传播过程中的"从众效应"。

从博弈论角度看，沉默螺旋的产生过程是一个非合作博弈过程，该博弈的前提是博弈参与者对事件认知判断与决策依据依赖于大众传媒提供的信息，沉默的螺旋博弈表示的是个人理性的最优决策，而这种博弈行为可能是经济的、有效率的，也可能是不经济、无效率的。个人的理性选择在一定情况下会致使集体的非理性博弈结果的出现，这将会导致在大众媒体上的公众舆论或者民众公开发表意见态度与大众内心真正的意见并不一致，甚至可能截然相反，很多时候大众媒介发表的主流意见其实并非真正的民意表达。这从博弈论角度来看，人们对大众意见保持沉默与附和，并非因为内心的赞同，而是经过博弈作出的策略选择。当民众认为大众媒介发表的主流意见与自己内心真实观点是相悖时，当民众感知到大多数人选择赞同、附和与沉默策略时，他们怕自己表达反对意见将会招致多数人的反对、抨击与排斥而陷入孤立境地，选择沉默与附和是较佳策略，因此无论大众媒体宣传的主流意见是否与民众内心观点相符，民众选择的赞同、附和、沉默行为很可能是因为民众认为别人也不会公开反对主导意见。从另一个角度说，大众媒介传播的引导作用是让大众认为，多数人是不会公开反对与挑战的，从而形成共同意见即舆论。舆论是一种民众的一致预期和共同意见，面对一个热点议题，人们总会揣测估计别人会想什么，可能会做什么，同时别人也在预期周围人、多数人将会做什么样的决定，当这种预期达成一种共同意见时，这代表博弈有了结果，舆论形成。如果多数人选择表达不同的观点，那么新的舆论场会形成。

此时，在大众传播的前提条件下，舆论场中的博弈参与者是参与表达意见的个体，需要选择策略行动以最大化自身的利益。假设意见表达者行动策略类型为两种，一种为表达观点，另一种为沉默附和。参考美国学者罗伯特·吉本斯（Robert Gibbs）的研究方法，建立一个囚徒困境博弈模型来分析沉默螺旋现象（如图 2 - 4 所示）。❶

A／B	沉默或附和	表达观点
沉默或附和	（1，1）	（5，-5）
表达观点	（-5，5）	（6，6）

图 2 - 4　沉默螺旋现象模型

---

❶ 罗伯特·吉本斯. 博弈论基础［M］. 高峰，译. 北京：中国社会科学出版社，1999：10 - 35.

沉默的螺旋是无数个体之间进行博弈后效果的累计，图2-4分析个体 A 与个体 B 之间的博弈。假设表达劣势意见或少数意见，会受到孤立排斥，付出的代价是 -5 个单位，如果双方都保持沉默不发表内心真实想法，双方各得到 1 个单位的收益；如果双方都选择表达真实观点，新的舆论场将会形成，获得的收益归属感与满足感要高于表达并非真实观点的收益要高，用 6 个单位表示。该博弈的最佳策略为 A、B 双方均选择（沉默或附和、沉默或附和）策略，这种纳什均衡出现的后果便是，在较为稳定的博弈场域中，极少会有参与者有魄力或者积极性选择其他具有风险的战略，这种均衡将维持较长时间不会被打破。随着时间流逝，成功策略不断淘汰不成功策略，最后的稳态总是纳什均衡。❶

博弈中，如果 B 表达观点，A 也表达观点，那么双方收益各为 6，双方都表达观点，收益最高；但是如果 A 保持沉默或附和的话，不论 B 选择任何战略，A 的收益始终为正，分别为 1 和 5；如果 A 选择表达观点，B 选择沉默，那么 A 的收益为 -5 或者 6。因此，对于 A 而言，不管 B 选择任何战略，A 保持沉默是对自己较为有利的决策。对于 B 来说，不管 A 采取何种策略，保持沉默或附和始终都是其最优战略。于是选择沉默或附和的人越来越多，沉默的螺旋形成。

从分析来看，沉默的螺旋是博弈中的纳什均衡现象。这个均衡得以存在与维持的重要前提是，博弈双方作出分析判断与策略

---

❶ 赫伯特·金迪斯. 演化博弈论——问题导向的策略互动模型［M］. 王新荣，译. 北京：中国人民大学出版社，2016：37.

选择的信息获取，完全依靠大众媒介提供，自媒体等新兴媒体不断涌现，大众媒介并非获取信息的唯一途径，由此引发反沉默螺旋现象。

"反沉默螺旋"是在互联网新媒体语境下大众传播效果理论的一种颠覆，是新媒体技术赋权下个人能动的意见表达。活跃自由的虚拟网络社区给社会公众提供话语平台，持"少数派"意见的网民在虚拟网络中，不会因其看法与主流媒体观点相悖就保持沉默或者趋同，部分少数派反而更有积极性表达多元化与个性化的观点。在媒介技术不断发展的互联网社会传播活动中，虚拟交流取代面对面交流，传统媒体舆论垄断地位削弱，个体从众心理逐渐淡化，个体意见表达意识不断增强，个体的网络影响力逐步提升，沉默螺旋理论赖以存在的前提条件，诸如群体压力、孤立恐惧等因素在一定情况下已不复存在，少数派在网络虚拟环境中不再惧怕回避优势多数群体，而是倾向于强烈表达意见，甚至激烈反对。在自媒体语境下的意见领袖具有身份草根化、观点个性化、关系平等化、意见多元化等特点，在网络传播环境下能号召起沉默的大多数表达意见，不再屈从于沉默。

自媒体时代，网民从传统媒体时代的信息接收者转变为信息接收者和发布者的双重身份，直接参与到信息传播过程中，不再被动地全盘接受主流信息。他们面对海量信息时，具有很强的自主权选择符合自己偏好与预期的、价值认同一致的信息作为阅读对象，并倾向于发表个性化观点或者与主流意见相反的观点，有的甚至是"语不惊人死不休"，这些标新立异的个性化观点会博得高关注度，发言者可获得自我认同感与满足感，而持主流观点的网友因其意见不能独辟蹊径而得不到关注与认可，甚至招来批判，于是多数主流派选择保持沉默。鉴于网络空间强大的动员和号召力，一旦某个事件刺激民众敏感神经，唤起网络公众强烈情绪后，与之相关的分散潜伏在互联网角落的各种谣言流言，便有机会在极短的时间内复苏并迅速膨胀。

自媒体时代，每一位网民都掌握着网络空间的话语权，是信息源与桥节点，尤其在面对与自身利益密切的突发公共事件时，人们的紧张感、焦虑感与恐惧感与日俱增，对各种不明真假的网络谣言，怀揣宁可信其有不可信其无的心态，或善意或恶意、或有意识或无意识地转发传播，使其不断发酵；而那些能根据常识或自身掌握的专业知识理性分辨网络信息真伪的网民们，却因为惧怕遭遇其他网民群起攻击与网络暴力而选择保持沉默，从而使得网络谣言的传播呈现"信谣者大声疾呼、不信者日益沉默"的反螺旋式发展进程，如此循环往复，使得网络谣言的声音越来越大，传播速度越来越快，影响面越来越广。网络上的反馈意见又形成新一轮信息传播，如此循环往复，网友的个性化表达占优势，主流观点备受冷落，使得沉默的螺旋发生逆转，形成反"沉默的螺旋"模式。

2.4.3 注意力经济

早在 1971 年，美国学者、诺贝尔经济学奖获得者赫伯特·西蒙（Herbert Simon）就指出："在一个信息丰富的世界，信息的丰富意味着另一种东西的缺乏——信息消费的不足。信息消费的对象是其接收者的注意力。信息的丰富导致注意力的贫乏，因此需要在过量的可供消费的信息资源中有效分配注意力。"❶ 在一个被林林总总各式各样信息充斥的信息社会里，信息的极具丰富就意味着被海量信息所消耗的东西缺失，这些缺失的东西就是信息接受者注意力的缺失。美国知名学者迈克尔·戈德海伯（Michael H. Goldhaber）1997 年在美国 *HotWired* 杂志上发表《注意力购买者》一文，正式提出"注意力经济"概念，❷ 并成为注意力经济理论的代表人物。他在文中阐述，当今社会是一个信息极度丰富的社会，信息已不再是稀缺资源，相反出现信息过剩与泛滥现象，与信息过剩形成鲜明对比的是，人类的注意力资源成为一种稀缺资源，并且随着信息社会发达程度提高而日趋稀缺。信息社会的固有悖论告诉我们，"信息的富裕造成注意力的匮乏，因此我们需要在丰富的信息源中有效配置注意力"❸。注意力可以引导人们行动，影响人们决策，如果能够拥有多数人或者整个社会群体的注意力，这样就可以把大家的注意力引导至其他事物，并转化为对事物的评论、购买、推荐等行动，从而将注意力转化为价值。佛西（Rishab Aiyer Ghosh）在《经济学死了》一文中这样评论注意力经济，在知识经济时代，人们只意识到知识资源与信息资源是无穷无尽且用之不竭的，但人们却忽略了一个更为重要关键的问题——人类心智是极其有限的，在信息社会，

---

❶ HERBERT S. "Designing organizations for an Information_Rich World", in Computers, Communications, and the public Interest, Martin Greenberger, ed［M］. Baltimore: The Johns Hopkins Univ. Press, 1971: 40 –41.

❷ MICHAEL H. Goldhaber. Attention Shoppers［J］. HotWired, 1997 (5).

❸ 詹姆斯·韦伯斯特. 注意力市场: 如何吸引数字时代的受众［M］. 郭石磊, 译. 北京: 中国人民大学出版社, 2017: 7.

人类大脑对知识信息的接受、记忆与处理等都会受到量的限制，会有极限边界，而知识经济价值的最终实现却要依靠心力资源。[1]

注意力经济是基于注意力这种稀缺资源的生产、加工、分配、交换和消费的新型经济形态。在信息社会中，心力资源是一种稀缺宝贵资源，现代通信技术的发达使得各类信息得以大批量地生产、复制和传播，造成信息资源的泛滥与过剩，而人类对信息的选择、使用和处理能力尚未与高度发达的信息社会相匹配。虽然当下人类殚精竭力地挖掘、开发利用注意力资源的潜在可能性，但在一定时期内，注意力资源的总数是相对稳定的。注意力具有以下特点：一是非常有限、稀缺；二是无法复制，不可兼得；三是具有从众性、传递性，易受外界影响，容易改变；四是可间接产生经济效益，媒体既是注意力的主要拥有者，同时又是注意力价值的交换者。注意力经济则是从注意力的角度作为分析切入点，探寻归纳总结注意力与经济之间的本质联系与内在规律指导学科研究与经济实践。

从博弈角度看，争夺注意力是一种此消彼长的零和博弈。[2]在信息爆炸，注意力稀缺的互联网社会竞争下，如果博弈一方获得注意力，那么就意味着另一方失去民众的关注度，获得注意力的一方获得收益也就意味着另一方要蒙受损失，博弈双方收益与

---

[1]　佛西于 1997 年在 *First Mon - day* 杂志上发表 Economics is dead. Long live economics! 一文，提出在无穷无尽的信息社会里，注意力是一种非常稀缺资源。

[2]　零和博弈是指博弈双方的收益与损失之和是一个固定值，一方收益增加，则另一方的收益受损，博弈参与者始终处于此消彼长的状态之中。

损失之和为零，双方不存在合作的可能。网络媒介有着传统媒介不可比拟的信息承载能力，不受时间空间限制，可以无限量容纳各种信息，但受众的时间和注意力是一个有限常数，在关注一方信息的同时，必然要舍弃另一方信息，导致被关注方势力增强，另一方则声音减弱。注意力具有从众性，人们偏好关注大家都热议或认可的事物和观点。

假设在一个热点事件中，两种不同意见势力 A 与 B 在进行争夺注意力的博弈，A 为高质量信息，B 为低质量信息，A 与 B 争夺注意力过程是一种此消彼长的零和博弈，可表示为（1，–1），A 赢则意味 B 输，假设在多轮博弈中，若 A 赢的次数为 N，意味着 B 失败的次数为 N，A 得分 N，则 B 得分 – N；若 B 获胜次数为 M，得分为 M，那么 A 失败次数亦为 M 次，得分 – M，A 与 B 博弈分数可表示为：A 得分为 N – M，B 得分为 M – N。在高、低质量信息博弈中，当管理者或资源垄断部门公开信息、披露真相时，A 获得注意力资源，低质量信息 B 便无立锥之地；如果管理部门不公开信息，遮掩真相，高质量信息 A 缺位，低质量信息 B 呈井喷式激增，A 在多回合的博弈中败给 B，一方的大声表达而另一方沉默无声便产生螺旋效应，这个螺旋过程不断将强势意见巩固，将弱势意见弱化，B 逆转为强势意见将 A 驱逐出舆论场。

2.4.4　错综复杂的社会矛盾

当下中国正处于社会转型期，互联网的发展，尤其是社交媒体的崛起，也深刻改变了原有的社会生态。各种话语舆论力量依托互联网这一意见表达平台，共同构成了一个庞大纷繁的网络资讯市场。网络资讯市场中的不同声音代表不同利益阶层，人们根据立场与利益来判断事物远近亲疏、是非曲直，产生对事物的不同认知。网络资讯市场逆向选择的发生，是焦点事件、社会背景与互联网等多重条件、多种因素相互交织、相互作用的复杂结果。网络话语场域是一个充满力量关系对抗的空间，各主体在参与场域角逐，谣言与真相争夺具有价值的支配性资源的空间场所。当前，我国正经历现代化、工业化、信息化的快速发展期，经济、文化、社会都处在急剧转型期，传统的矛盾风险依然存在，新的矛盾不断涌现，两者互相交织叠加，使得每一种风险都包含着复杂的影响因素。德国著名社会学家乌尔里希・贝克（Ulrich Beck）指出，中国当下正处于全面迈向现代化阶段，只用 30 年时间就走完西方社会两三百年才完成的现代化历程，中国社会转型所需要经历的磨难、震荡难以避免。❶

我国的社会转型包括三方面：

一是经济体制转变，从计划经济体制向市场经济体制转变。这一新体制已建立并日趋完善，经济充满活力，社会日益开放，但体制和结构方面的深层次矛盾尚未彻底解决，市场化过程中的收入差距和社会分化，已导致社会结构、经济体制、分配方式、利益格局等多方面的深刻变革。

---

❶　乌尔里希・贝克. 什么是全球化? 全球主义的曲解——应对全球化［M］. 常和芳，译. 上海：华东师范大学出版社，2008：5. 此处的"高风险"社会并非字面上理解的动荡不安、灾难深重的社会，而是社会步入高速转型发展期不可避免地伴生各种矛盾与冲突，而呈现出的"现代性景象"。

二是社会结构变动。我国学者郑杭生等认为，社会转型的主体对象是社会结构，不仅是某种单一指标发展的进步与转变，而是指一种全面、多方位整体的结构状态过渡，包括结构转型、利益调整、体制转轨及观念转变。❶ 尤其是观念多元化和价值冲突方面，当价值观念、思维模式、道德观念都在发生巨大的变化时，传统的价值体系与行为规范正逐步解体，而新的价值体系尚未完全确立，出现多元化的社会规范与价值标准，在诸多领域会出现"价值真空""规范真空"的过渡局面，容易诱发遵循不同价值标准与行为规范体系的社会群体间的冲突与矛盾，导致社会群体中出现精神空虚、价值迷茫、行为困惑等状况，这些都将成为引发社会风险的深层次原因。

三是社会形态变迁。罗荣渠认为，社会变迁指中国社会形态从农业社会向工业社会，传统社会向现代社会，封闭社会向开放性社会的发展与变迁。❷ 例如，在信息化背景下，互联网迅速流行和普及，现代通信及网络正在以前所未有的速度影响和改变人们的生存、生产和生活方式。在当下中国，哪些焦点事件容易引发逆向选择呢？本书认为热门话题事件本身要具有独特性与冲击性，纵观引发逆向选择的社会事件中，事件都具备特殊性与社会矛盾普遍性，事件能迅速吸引网民注意力，触动公众共同情绪与敏感神经。但事件的独特性与冲击性还不足以使得舆论持续发酵

---

❶ 郑杭生，邵占鹏. 中国社会治理体制改革的视野、举措与意涵 ［J］. 江苏社会科学，2014（2）：20 – 27.

❷ 罗荣渠. 现代化新论——世界语中国的现代化进程 ［M］. 北京：北京大学出版社，1993：15.

或者产生强烈的扩散效应，需要具备一定的社会背景因素，社会价值倾向、社会情绪、利益冲突等因素，热点事件与社会因素重合叠加，网络将事件本身以及事件背后的社会矛盾与风险进行聚焦、无限扩散与放大。互联网时代极大改变信息传播方向，提高传播速度，扩大传播范围，统一的思想或言行已经被去中心化的信息流动、多元化的小圈子所替代，各种真实与不真实、质量高与质量低的信息都具有更为便捷高效的传播载体与渠道，这就使得逆向选择无处不在。

2.5　网络资讯市场逆向选择的危害

随着网络传播的日趋碎片化和网络生态的复杂化，网络在为公众提供个性表达和社会监督的广阔平台之外，网络资讯市场潜在的负面效应也清晰显现。在当前网络资讯市场逆向选择结症较为严重的情况下，活跃密集的网络资讯市场将诱导、催生舆论次生灾害，其危害性常常超过原生事件本身。

2.5.1　次生灾害概念与成因

次生灾害也称为二次灾害，通常指自然灾害在发生、发展与演变的过程中，由诸多内因与外在因素诱导催发一系列衍生灾害或者新危机，甚至形成环环相扣的灾害链或灾难系统。在灾害链中，原生灾害指最先发生并起主导作用的灾害，而由原生灾害诱导催发的二次灾害即为次生灾害。网络次生灾害是在原有网络事件、网络舆论的基础上衍生而来的新议题，也是互联网时代一种常见的网络现象。在热门话题事件处置过程中，因处理方式或应对时机不当等方面的因素催生新的、更严重的舆论危机，其危害性和杀伤力甚至会超过原生事件。在网络虚拟社会中，舆论次生灾害与突发危机事件相伴而生已成为当下社会普遍现象。网络次生灾害相比原生热点事件更具有高关注度、高传播率等特点，其冲击力更强，持续时间更长，波及范围更广，使得网络资讯市场一波未平一波又起。在影响力方面，舆论次生灾害与原生舆论相比，涉事主体从单一性、简单化变为复杂化；事件波及范围从区域性、行业性演变为全国性；参与的人群从特定关系人扩散到至全体网民。次生舆论灾害的成因有很多方面，本书认为主要因素是信息不对称性、利益关联性、信息渠道多样性、柔性施压倒逼真相等。

信息不对称性是指信息的不确定性、模糊性，是网络流言生成的"温床"，而网络流言正是催生舆论次生灾害最为重要的因素。信息次生灾害的形成，实际是"真实谎言"建构的过程。信息的误发、误传及信息的误读，是信息次生灾害链的三个节点。[1] 杨慧琼认为，流言与事件的重要性和模糊性呈正相关关系，事件越重要真相越模糊，流言产生的负面效应就越强，诱发舆论次生灾害的可能性就越大。[2] 在公共突发事件后，正常有序的社会变得无序，而事件本身具有破坏性、复杂性、紧迫性、不

---

[1] 王炎龙. 重大突发事件信息次生灾害的生成及治理 [J]. 四川大学学报（哲学社会科学版），2010（6）：92-96.

[2] 杨慧琼. 从个体记忆到集体记忆：论谣言研究之路径发展 [J]. 国际新闻界，2014（11）：65-80.

确定性、敏感性等特性，使得管理者很难在短时间内解决信息模糊性问题，这就为次生舆论的产生提供了必然条件。在本次的问卷调查结果中，受访者认为谣言流传广、影响大却又屡禁不止的最主要原因是"信息不透明不公开，权威部门不能有效及时地发布准确信息"，所占比例高达为 90%。

利益关联性是指任何一起突发事件，尤其涉及食品安全、社会安全、民生问题、司法公正、社会公平等方面的舆论，都会影响一部分区域，波及一部分民众的切身利益，这会给利益相关联的民众带来不同程度的影响。公众对这类事件可能引发的将会损害自身当前利益、潜在利益以及长远利益的因素极为关注，容易产生敏感、多疑、脆弱以及高度不安全感的心理状态。在行动上表现为，非常迫切甚至不理性地通过各种途径渠道寻求安全保障与心理安慰，在这种情况下，民众容易抱有宁可信其有，不可信其无的心态，不加分辨地相信、传播流言，这种集体无意识行为在客观上助推次生舆论发生。

信息渠道多样性是指信息媒介化社会深刻地改变了民众获取信息的方式与途径，大众获取信息的渠道不再局限于电视、报刊、广播等传统媒体，而是更多地选择网络、自媒体、移动媒体等新型传播媒介。报刊、电视等传统媒体与网络、手机等新媒体相比，在传播速度、信源多样化、双向互动、个性表达等方面已望尘莫及。电视、报纸、广播等传统媒体具有较为严格的信息审查制度，可在一定程度上阻断谣言、流言、小道消息在传统媒体上肆意传播。而在信息时代，以微博、微信为代表的自媒体具有互动性强、自由度高、准入门槛低等特点，尤其当官方信息发布不及时，传统媒介处于集体失语的尴尬处境时，虚拟网络空间便成为舆论最密集最活跃的公共领域。

柔性施压，倒逼真相。在网络资讯市场信息传播中，有些被确证是谣言、谎言的信息，但在网络社会认识中，并不认为其是毫无意义的，反而将之认为是对相关部门的柔性施压，是倒逼真相的有效手段之一，以铺天盖地的谣言来迫使政府调查真相。诸多被管理者否定的流言、谣言，经过长时间、反复多次的舆论发酵后，逐渐被证明只是不被公开、认可的真相的冰山一角。很多时候，网民疯狂传播流言，并非其不理性、素养低抑或是添堵作乱，而是在抗议、敦促权威信息发布。涩谷保将此行为称为另一种"社会抗议"。❶尤其在"后真相"时代，信息传播过程中的真相有时变得不再重要，重要的是传播过程中的观点与情感，网民愿意去听、去信自己想听或内心所期望的信息，而非与自身观念相悖的信息，虽然真相没有被篡改，没有被扭曲，只是变得次要。在认知中，辟谣的最好手段是真相，是用事实说话，但在后真相时代立场先行的传播情境下，当人们遇上与自身信念相抵触的观点与证据时，除非它足以摧毁原信念，否则人们会忽略反驳它。当自身观念被攻击时，人们要在网络圈群里找寻各种证据，支撑捍卫原观点，谣言在小圈子的传播中形成所谓拟态环境与意见气候，形成圈群化传播负效应，使得原信念在信息冲击下反而更加强化。

---

❶ SHIBUTANI T. Improvised news: A Sociological study of rumor [M]. Indianapolis: Bobbs Merrill, 1966: 17.

2.5.2　网络次生灾害的危害

重大突发事件会致使正常社会秩序偏离发展轨道，使整个组织处于失衡、混乱、无序状态之中。网络资讯市场逆向选择诱发的次生灾害，将蔓延、加重这种混乱无序状态，引发"蝴蝶效应"。信息的逆向选择导致次生灾害，危害超越热点事件本身，损害社会公信力，致其陷入塔西佗陷阱，阻碍网络资讯市场传播资源的优化配置。

第一，削弱公信力，陷入塔西佗陷阱。古罗马时期著名的历史学家普布里乌斯·克奈里乌斯·塔西佗（Publius Cornelius Tacitus）在《历史》一书中提出，一旦执政者成为民众憎恨的对象，他无论做好事还是坏事都会引起民众对他的质疑与厌恶。当遭遇公信力与社会声誉危机时，无论其发表什么样的言论，说真话还是假话；颁布什么样的政策，做什么样的决策；不论是否有利于民众权益，社会都将给予其负面评价，认为其在说假话，办坏事，即塔西佗陷阱。[1] 在互联网时代，管理者处于被民众"围观"状态之下，若未能对突发公共事件作出公平及时有效的处理，抑或者在处理公共事件的决策以及官员的言行举止稍有差池与纰漏，就可能被网络呈几何级传播放大，导致流言肆虐。其主要原因为，一方面与互联网的及时性、快捷性、匿名性、低门槛性以及裂变式等传播特性有关；另一方面管理者面对新兴媒体尚不具备良好的应对机制。这双重原因导致互联网时代的管理者稍

---

[1] 普布里乌斯·克奈里乌斯·塔西佗. 历史 [M]. 王以铸，崔妙因，译. 北京：商务印书馆，1981：7.

有不慎便会陷入塔西佗陷阱中。当处于"低信任度"的状态时，社会矛盾与冲突加剧，社会运行成本剧增而治理成效降低。

第二，行业或地区的形象严重受损。"原生灾害"本身影响范围有限，通常局限在某一范围、某些区域，而经过网络发酵的热点事件，却会牵扯带出一系列与其具有共性、同质性、关联性的次生舆论事件，次生舆论的多米诺骨牌效应让原本只针对某个人、某件事、某个现象的舆论波及整个行业与地区，让行业或地区形象受损，并影响整个行业与地区的健康持续发展。公共事件次生灾害会造成舆论转向，从而遮蔽原生事件。由于次生灾害的影响程度与波及范围，容易转移大众注意力，容易形成媒体焦点与主题事件错位，不利于解决根本问题。

第三，舆论次生灾害会造成群众恐慌心理，改变正常状态的社会秩序，陷入无序的混乱之中。这种恐慌情绪将破坏人心稳定，降低人们对未来社会良好的心理预期，愤懑不满、焦虑暴躁、悲观失望等负面情绪将迅速在群体之间传递，造成人心思变，处于主导地位的主流价值观与意识形态受到严峻挑战，公众信仰缺失，社会陷入矛盾多发的动荡局面之中。次生舆论灾害有着激发公众负面情绪、降低政府公信力和破坏社会秩序等种种负面影响，但也有助于倒逼真相，加强政府监督等作用。网民传播信息引发次生舆论的过程，从另一角度来看也是集体行动参与公共事务的方式，在传播散布各种流言的过程中实现集体交易，获得更多的身份认同与社会认知。

第3章 基于 Multi – Agent 的网络资讯市场逆向选择模型

本书在第2章通过引入阿克洛夫模型来研究分析网络资讯市场逆向选择的形成过程，从而提出网络资讯市场逆向选择发生的根本原因是信息不对称，但对于逆向选择问题是否广泛存在于网络资讯市场博弈场中、信息不对称如何影响逆向选择、逆向选择受哪些因素影响等问题尚未作分析阐释。在本章中，我们将构建 Multi – Agent 网络资讯市场逆向选择模型，对上述问题进行研究分析。

发端于自然科学领域的 Multi – Agent 仿真建模方法，当前在社会科学领域已被越来越频繁地使用，尤其被用来研究那些依靠传统分析证明方法很难解决的现象与问题，如本书中涉及的一些抽象问题：逆向选择问题是否广泛存在于网络资讯市场博弈场中、信息不对称如何影响逆向选择等。

所谓多主体仿真建模方法，就是在计算机上模拟现实社会中的网络资讯市场逆向选择的发展演变过程，将网络资讯市场博弈参与者——网络媒体、网民、政府作为研究主体，将信息不对称程度、低质量信息发现概率、惩罚系数等作为可变参数，通过对各参数值的设置与不断调试，来进一步研究分析各博弈主体之间的内在关联，并找出其影响因素，为下文给出信息不对称条件下解决网络资讯市场逆向选择问题的政策建议提供依据。

3.1　网络资讯市场逆向选择仿真模型

假设网络市场中网络媒体和网民的数量分别是 N_M 和 N_P，一般情况下，网民的数量会远远多于网络媒体的数量，即 $N_P > N_M > 0$。对某一个网络事件来说，其信息的质量程度 Q 均匀分布在 0 到 1 之间，即 $Q \in [0, 1]$；网络媒体和普通网民对舆论事件信息的掌握程度分别为 G_M 和 $G_P \in [0, 1]$；由于实际获取信息成本造成的信息不对称因素，普通网民对舆论事件信息的了解程度低于网络媒体的了解程度，即 $G_M > G_P$。具体的模型参数含义及取值范围见表 3 - 1。

表 3 - 1　模型参数含义及取值范围

参数	含义	取值范围
N_M	网络市场中网络媒体的数量	[0, 50]
z	网络媒体中传播高质量信息的比例	[0, 1]
p	网络媒体提供低质量信息被识别的概率	[0, 1]
θ	网络媒体低质量信息惩罚系数	[0, 1]
N_P	网络市场中网民的数量	[0, 1000]
Q	网络事件中传播信息的质量水平	[0, 1]
G_M	网络媒体对舆论事件信息的掌握程度	[0, 1]
G_P	普通网民对舆论事件信息的掌握程度	[0, 1]

　　NetLogo❶ 是一款多主体建模仿真软件，该软件提供的建模功能对于随时间演化而变化的复杂系统进行建模与仿真尤为适合。借助 Multi – Agent 仿真软件 Netlogo 可以构造得到网络资讯市场逆向选择仿真模型，如图 3 – 1 所示。图中白色的圆点代表一个网民 agent，人形代表网络媒体 agent，每一次仿真中网络媒体都会向网民进行信息发布，其信息质量水平 $Q \in [0, 1]$，网络媒体对其发布的信息的价值进行评价值（$V_M = Q \times G_M$），而网民对从网络媒体接收的信息质量水平进行价值判断（$V_P = Q \times G_P$），当 $V_M < V_P$ 时，网民会选择关注该条信息，仿真结束后可以统计出各种质量水平网络信息的受到网民关注的数量及占总体的比例。

图 3 – 1　网络资讯市场逆向选择仿真初始状态

---

　　❶ Netlogo 是一个能对社会现象与自然现象发展演化趋势进行模拟仿真的编程建模工具，该软件由美国西北大学计算机建模中心于 1999 年发开应用，已经被广泛应用于自然科学学科。本研究所用版本为 2005 年发布 3.0 版本。

3.2 仿真过程分析

3.2.1 网络媒体数量对逆向选择的影响

首先选取 50 个网络媒体进入模型，同时分别选取网民的数量为 500、750 和 1000 进行仿真，G_M 和 G_P 的数值分别取 1.0 和 0.5，对网络资讯市场逆向选择 Netlogo 模型进行仿真，仿真 200 次后得到结果如图 3 – 2 所示。

图中横坐标为网络信息的质量水平，纵坐标为分别落入不同信息质量水平下的网民数量占全部数量的比例。从图 3 – 2 可以看出，网民选择的数量与信息的质量整体成反比，即落入低质量信息范围内的网民比例最多，而高质量信息范围内落入网民比例反而较少，这种现象即是网络信息逆向选择的结果，与乔治·阿克尔洛夫描述的二手车市场中存在的"柠檬效应"具有相类似的原理。

从图 3 – 2 中还可以看出，随着网络媒体与网民数量相对比例的扩大（比例从 1：20 提升到 1：10），图中信息逆向选择曲线的斜率也在增大，即在其他条件不变的情况下，网络市场中网络媒体相对于网民的数量越多，这种逆向选择的趋势也会加重。在网络媒体数量增加的同时，网络市场中信息的数量也会大幅增加，各种质量不同的信息混杂其中，更加增大了网民选择信息的成本和难度，导致信息逆向选择情况的加剧。

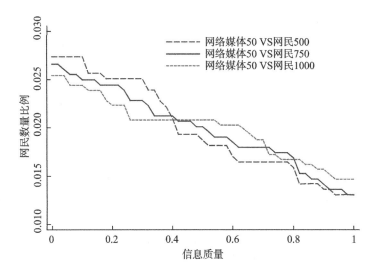

图 3 - 2　网络媒体相对比例对网络资讯市场逆向选择的影响

一般情况下，如果没有外部监管和调节，由于信息传播双方存在信息不对称，网络信息市场中的这种逆向选择现象将会持续存在，即由于信息接收方不能有效区分信息的质量高低，从而使信息市场中低质量制造者一直具有低成本优势，最终会引发整个网络信息市场充斥大量低质量的信息。并且随着网络媒体的发展，这种逆向选择将会加重，严重影响网络信息传播的效果。

3.2.2　信息不对称程度对逆向选择的影响

根据信号传递理论，信息不对称导致逆向选择使得帕累托最优的均衡不能实现，网络媒体如将其私人信号有效传递给信息接收方，或者网民采取措施可以获取网络媒体的私人信息，信息传播的帕累托改进就能实现，可有效降低网络资讯市场逆向选择的影响。图 3 - 3 为信息不对称程度对网络资讯市场逆向选择的影响程度，其中横坐标为网络信息质量，纵坐标为分别落入不同信息质量水平下的网民数量占比。从图中可以看出，随着双方信息差距（IG）（网络媒体与网民之间对舆论事件信息的掌握程度的差距）从 0.6 降低到 0.2，网络信息逆向选择的程度也随之降低，图 3 - 3 中选取高质量信息的网民比例也在提升，这表明信息传播双方信息差距的降低可以有效抑制网络资讯市场逆向选择的程度。

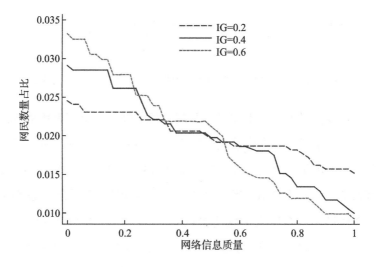

图 3 - 3　信息不对称程度（IG）对网络资讯市场逆向选择的影响

3.2.3　低质量信息惩罚系数与发现概率对逆向选择的影响

对低质量信息提供方进行外界控制可以调节网络资讯市场的

逆向选择状况。图 3 - 4 为在一定的取值范围内，❶ 分别提升低质量信息惩罚系数与发现概率两个参数后网络资讯市场逆向选择变化趋势。从图中可以看出，增大对网络环境中低质量信息提供方的惩罚力度，可以降低逆向选择的程度；提升对网络低质量信息的发现概率则可以有效地逆转网络资讯市场逆向选择的状况。在现实操作中，增大对低质量信息提供方的惩罚力度的前提是找出那些低质量的网络信息。

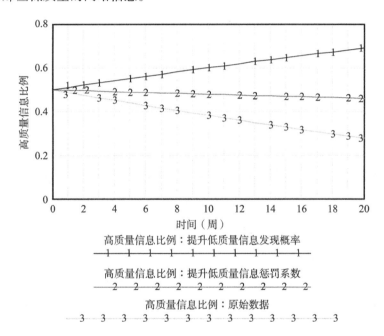

图 3 - 4　低质量信息惩罚系数与发现概率对网络资讯市场逆向选择的影响

---

❶ 对于各主体取值并非无限大或者无限小，而是在一定范围内模型才会符合实际情况，这说明惩罚系数并非越大越好，要控制在一定的合理范围内。

3.3 仿真结果分析

网络信息在传播过程中，由于信息不对称的存在，将会导致网络资讯市场出现舆论逆向选择，即由于信息接收方不能有效区分网络信息的质量高低，从而使资讯市场中低质量信息提供方一直占据低成本优势，较高的收益会将一些高质量信息提供方引向制造并传播低质量的信息，从而导致低质量的信息大量充斥在整个网络信息市场中。本章利用 Multi – Agent 仿真模型，对网络资讯市场中的逆向选择过程进行仿真分析，根据对仿真结果的分析，可以得到有效缓解网络资讯市场中逆向选择问题的建议。

第一，政府和权威媒体及时公布舆论信息，降低网络媒体和网民之间信息不对称的程度。信息不对称导致逆向选择使得帕累托最优的均衡不能实现，降低信息不对称的程度可以有效地缓解网络资讯市场的逆向选择现象。政府和权威媒体及时准确地发布舆论热点信息，可以有效地吸引网民的关注度，有效压缩低质量网络信息的需求和关注度。

第二，增大对低质量信息传播的发现概率和惩罚力度，规范网络信息市场秩序。低质量信息提供方的低成本优势是导致网络资讯市场逆向选择的重要因素，因此增大对低质量信息传播的发现概率和惩罚力度可以提升其违规成本，如政府可以采取技术和法律手段，加大对低质量信息甚至网络谣言制造者的发现和处罚力度，规范网络信息市场秩序。

第三，建立网络媒体信誉档案，向公众公布低质量网络媒体的信誉信息。博弈理论表明，只有博弈双方建立长期博弈的预期，网络媒体才会致力于树立形象和维护声誉。通过建立网络媒体信誉档案，启动市场机制的调节作用，促使网络媒体产生长期博弈的预期，不会为追求短期行为而损害长期的声誉。

第4章 不完全信息动态博弈模型

——网络资讯市场动态博弈演化研究

本书第3章构建的多主体仿真模型验证了降低信息不对称程度，可以使得网络资讯市场博弈的参与主体作出不同的策略选择，从而自发、有效抑制网络资讯市场逆向选择情况。针对这一问题，本章将构建不完全信息动态博弈模型进行深入剖析研究。网络资讯市场博弈涉及政府、社交平台、网络媒体、网民等多元主体，呈现参与主体的多样性、主体特征的差异性以及网络传播环境复杂性等诸多特点。在信息对称程度不同的情况下，网络资讯市场博弈的参与主体将如何进行博弈，各主体间的博弈将对网络资讯市场的态势造成何种影响，构建不完全信息动态博弈模型可直观地分析各利益主体的决策过程。

4.1 网络资讯市场主体分析

4.1.1 政府

政府肩负社会管理职能，是重大突发事件应对与处理的核心主体。在突发社会事件的形成与发展过程中，政府利用其行政权力与资源垄断优势，对热点舆论采取有效引导与控制措施，促使网络资讯市场良性发展。政府参与话语博弈的利益诉求主要为掌握社情民意，化解社会矛盾，建立政民沟通平台，构建和谐网络环境，树立公信力，巩固政权，提高管理效率；反之，政府在话语博弈中失策，则会导致社会管理成本越来越高昂，而效率却越来越低。

4.1.2　网络媒体

网络媒体是网络信息的承载者与传播平台，是网络资讯市场的推动者与引导者。随着以微博、微信、抖音为主的网络自媒体，以网易新闻 App、新浪新闻 App、今日头条 App 为代表的移动媒体等新型网络应用的普及，互联网用户从传统门户网站分散，重构成新型网络资讯博弈市场。在重大突发热点事件中，网络媒体通过参与博弈可博取关注度、点击率，争取市场份额，获得经济效益。网络市场经济中，经济效益有助于网络媒体优化资源配置和传播效果实现，进而打造媒介品牌，树立权威形象，提升影响力，实现良性循环和可持续发展。

4.1.3　涉事者

涉事者指引发、制造公共突发热点事件的责任人、利益相关人等网络资讯市场博弈参与者。自媒体时代，涉事者为在博弈中掌握主动权，通常会将利益诉求通过网络进行大范围传播，博得民众情感支持，引起社会广泛关注，从而形成社会舆论压力，增加谈判筹码，迫使相关单位在网络监督下尽快解决问题。

4.1.4 网民

网民是政府、网络媒体、涉事主体在网络资讯市场博弈过程中力求争取的对象。随着微博、微信、论坛等网络自媒体的普及，"人人都有麦克风"时代已到来，网民可通过自媒体表达心声，并可在极短时间内得以迅速传播，甚至以滚雪球式、病毒式复制与扩散，形成强大的舆论态势。数以亿计中国网民成了自媒体时代社会舆论的发起者、助推者、监督者、引导者，成了转型期中国社会不可忽视的民间力量。

4.2　不完全信息动态博弈

在动态不完全信息博弈中，博弈双方不是同时行动，而是按先后次序行动，且互相不知道对方的信息情况，但可以通过博弈双方的行动策略来推断，如后行动方可以从先行动方的策略中观察、分析、获取先行动者的偏好、类型与战略空间等信息，从而证实或者不断修正自己对前者特性的先验判断❶（Prior Belif）与认知，并适时调整策略。每个参与者的策略选择都会传递与自己类型和特性相关的信息，后行动者即可通过研究观察先行动者的策略来推断其类型或修正对其类型的先验信念，然后选择自己的最优行动。但先行动者知道自己的行动会传递与透露自身特征信

---

　　❶　先验判断亦称为先验概率，是指根据以往的经验、印象、观察、评估而得出某事物的类型。先验概率会随着认知程度的加深与事件变化发展而不断调整变化。

息，便想方设法选择传递、释放对自己最有利的信号来揭示或者掩盖真实信息。不完全信息动态博弈不仅是博弈参与人选择行动策略的过程，更是不断修正判断与认知的过程，从而达到精炼贝叶斯均衡的复杂过程。[1]

早前博弈论专家认为不完全信息博弈是无法分析、不可估算的。美国学者海萨尼（Harsanyi）通过引入一个虚拟参与人"自然"，提出处理不完全信息方法，即海萨尼转换。[2] 美国学者艾里克·拉斯穆森（Eric Rasmusen）在书中阐释，虚拟参与人"自然"首先决定参与人特征，参与人 A 知道自己的类型，其他参与人不知道 A 所属类型，但可推算 A 所属类型的分布概率，这样可将不完全信息博弈转化为不完美信息博弈，可将信息不确定、不完整条件下的博弈策略选择，转换为风险条件下的概率选择，将不完全博弈模型化为不完美的、可计算的信息博弈。[3]

博弈一开始，参与人 A 此时并不知道博弈对方的真实信息情况，也不清楚博弈对方所属类型的分布概率，A 只能对博弈对方的概率类型作主观预判，形成一个先验信念。在博弈进行时，参与人 A 将根据自身观察到的博弈对方的策略行动，先给出"第一印象判断"，并在随后的博弈行为中逐渐修正自己之前的判断，

---

[1] 精炼贝叶斯均衡是不完全信息动态博弈的均衡，是指博弈参与人按照贝叶斯法则来更新信念所形成的纳什均衡，是泽尔腾（Selten）的完全信息动态博弈子博弈精炼纳什均衡和海萨尼（Harsanyi）的不完全信静态博弈贝叶斯均衡的结合。

[2] 海萨尼转换是指通过引入虚拟人"自然"，将信息不确定、不完整条件下的博弈策略选择，转换为风险条件下的概率选择，将不完全博弈重新模型化为不完美的、可计算的信息博弈。

[3] 艾里克·拉斯穆森. 博弈与信息博弈论概论 [M]. 韩松，译. 4 版. 北京：中国人民大学出版社，2009：62-63.

这种修正方法在博弈论中称为贝叶斯法则。[1] 即当人们无法准确知晓某个事物的本质时，可以依靠与事物特性本质相关情况出现的频率高低、次数多少去判断其本质属性的概率，也就是说某种特性或类型的情况发生的次数越多，则该属性被认可或者成立的可能性就越大。例如，人们看到一个人总是在做好事，大家就会判断这个人是好人的可能性很大。在日常社会生活中，人们在面临各种不确定性事件或事物时，对事件发生发展的可能性会有事先的预判，之后会根据事件的发展与获得的新信息来修正自己之前的判断。修正前的第一印象称之为"先验概率"，修正后的判断则为"后验概率"，是人们根据获得的新信息从先验概率得到后验概率的基本方法。

4.3　网络焦点事件演化的不完全信息动态博弈模型构建

假设网络资讯市场焦点事件演化过程是政府、网络媒体、涉事主体以及网民四方多阶段不完全信息动态博弈过程，博弈阶段的不确定性导致多种策略的可能性。政府、网络媒体、涉事主体之间博弈的本质目的是争取网民支持。

假设涉事主体 A 首先选择是否制造舆论冲突，政府 B 为应对者。A 为先行动者，B 为后行动者，B 可通过对 A 行为的观察判断 A 的类型并选择相应的策略。将虚拟的参与人"自然"引

---

[1]　贝叶斯法则也称贝叶斯公式，是概率统计学中的重要研究工具，是人们根据不断的观察研究对先前的概率主观分布进行修正调整的法则。

入到不完全信息博弈中，"自然"首先选择参与者政府 B 的类型 p，将不完全信息的博弈表述为不完美信息的博弈。

如果 B 不应对任由舆论态势发展，A 获益；B 如果选择应对，则 B 有两种可能，一种是两败俱伤，另一种是取得比不应对更高的收益。双方进行博弈一的概率为 P，进行博弈二的概率为 $1-P$，则出现不同的信息结构。

博弈一：

A 没有制造（0，0）

A 制造，B 不应对（4，-4）

A 制造，B 应对（-8，-8）

博弈二：

A 没有制造（0，0）

A 制造，B 不应对（4，-4）

A 制造，B 应对（-8，-2）

博弈树表现如图 4-1 所示。

（1）A、B 都没有观察到"自然"所采取的行动，信息是不完善但是对称的，涉事主体与政府处于博弈相对等的境况中，这是较简单的博弈，由此可直观计算出政府 B 在应对中的期望收益是 $-8P-2$（$1-P$）$=-6P-2$，只要 $2/3 \leqslant P \leqslant 1/3$，B 就会出手应对，即博弈结果为（制造、应对）；否则为（制造、不回应）。

（2）只有 B 观察到"自然"行动。在这一博弈中涉事者 A 不知道 B 的选择，B 在博弈二中抵抗概率大，涉事 A 在制造舆论冲突中获得的效益为 $4P-8$（$1-P$）$=12P-8$，$P>2/3$ 时，涉事者才会权衡挑起舆论冲突。

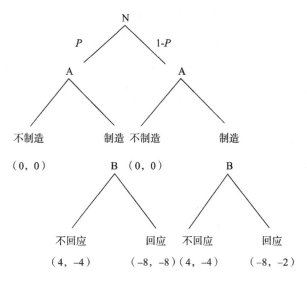

图 4 - 1 博弈树表现

（3）只有涉事者 A 观察到"自然"行动，因此 A 肯定考虑自己的行为如何传递出关于"自然"作出选择的信息，A 在博弈一中选择制造舆论冲突，但在博弈二中却不这么做。如果 A 采取如此策略，B 就会从 A 的策略中推断他们在进行博弈一，于是采取不回应策略。但如果政府 B 以这种方式作出反应，涉事主体 A 就有下一步策略在博弈二中制造舆论冲突而使政府应对措手不及。

在涉事者是否挑起舆论冲突时，亦会考虑政府回应该舆论事件是高成本还是低成本的情况。所谓高成本是政府作出回应与对策需要调查较多信息或者牵涉多方复杂关系，低成本则指政府不用花费太多精力就能公开权威真相消息。建立模型如图 4 - 2 所示。

政府

		高成本情况		低成本情况	
		公开	不公开	公开	不公开
涉事主体	积极	（40，50）	（-10，0）	（30，80）	（-10，100）
	消极	（0，300）	（0，300）	（0，400）	（0，400）

图 4 - 2　建立模型

运用海萨尼转换计算：政府积极干预，高成本的概率是 ∂，低成本则为 $1 - \partial$，选择积极进入舆论场的期望利润为 $\partial(40) + (1 - \partial)(- 10)$，选择不进入的期望利润是 0。因此，涉事主体进入舆论场的最优选择是：如果 $\partial \geqslant 1/5$，进入；如果 $\partial < 1/5$，不进入。同样方法也可计算出政府公开与不公开的期望受益。

如果设在博弈初始，政府与涉事主体的网民支持率分别为 P 与 $1 - P$，随着舆论事态变化，参与人数、支持率将发生变化。初始参与人数为 M，变动人数为 ΔM，则政府效益初始函数为 $D_a = M \cdot P$，涉事主体为 $D_b = C_b M(1 - P)$。处于劣势信息一方希望通过采取行动来改变力量对比局面，产生博弈成本 C_a 和 C_b。一般来说，效益初始值较大的一方，则领先优势较明显，在下一轮博弈中偏向与低风险策略；初始值较小的一方，则会在新一轮博弈中偏向高风险高收益策略。

第5章 信号博弈模型

——解决网络资讯市场信息不对称的研究

本书第 4 章将政府、网络媒体、网民以及涉事主体作为网络资讯市场博弈的研究主体，通过数学演算、图形图表等方式，计算分析政府、网络媒体、网民以及涉事者所选择的行动策略相对应的收益函数，进一步揭示信息不对称与不确定如何制约与影响博弈参与者的策略选择，不同的策略选择将如何影响与推动网络资讯市场态势的发展演变方向。通过研究可表明，信息不对称性是制约与影响各博弈参与者策略选择的关键因素，解决信息不对称问题可扭转博弈局面本章将延续上文，继续研究探讨问题的解决方法。

5.1 信号博弈概念

美国学者诺兰·麦卡蒂（Nolan McCarty）认为，信息拥有较多的一方和信息拥有较少的一方进行博弈，信息拥有方如果能将自身信息有效地传递给对方是解决信息不对称的关键问题。❶ 1973 年，美国诺贝尔经济学奖获得者迈克尔·斯宾塞（A. Michael Spence）提出"信号传递模型"（Signalling Game）。迈克尔·斯宾塞阐述，信号博弈主要分为信号甄别和信号传递两种方式，是将信号理论引入博弈模型对博弈参与者进行研究分析，信号传递模型从本质上看是一个不完全动态信息博弈。假设该博弈有两个参与者 S 与 R，分别为 Sender（发送者 S）与 Receiver（接收者 R），发送者是信息拥有者，掌握接收者不具备的且有效用的资源信息。该博弈过程分为两个阶段：第一阶段，发送者向接收者传递发送一个信号，信号发送者 S 预测到接收者 R 会根据自身提供的信息判断修正对 S 类型的先验判断；第二阶段，接收者收到信号发送者的信号，但此时接收者还无法清晰分辨发送者的私人信息，只能根据信号本身揭示的信息与自身情况作出最佳战略决策，这一轮博弈结束，博弈双方在过程中各自得到效用。信号传递和信号甄别两者的最主要差别在于，信号传递是信息拥有者先发动策略选择，信号甄别是信息劣势方先进行博弈行动。在本章中，主要研究信号传递机制，以信息拥有者为研究主体，从信息拥有者角度探讨解决逆向选择途径。

　　信号传递（Signaling Model）指私人信息拥有者向信息劣势方传递某种信号来表明自己的某些类型、特性，从而降低信息不对称带给双方的损害，能够起到有效作用的信号必须是核心竞争能力的象征。信号是两个参与人之间的一种特殊的物理互动作用，是发送者与接收者之间的策略互动产物，是两者共同演进的

---

❶ 诺兰·麦卡蒂，亚当·梅罗威茨. 政治博弈论 [M]. 孙经纬，高晓晖，译. 上海：格致出版社，2009：160－161.

结果，在这个过程中双方都因信号使用而受益。瞪羚看到猎豹不会马上落荒而逃，而是做出垂直跳跃动作，腿部会僵硬，还将白色臀部完全朝向猎食者，对于这种行为的合理解释是瞪羚在向猎豹传递信号：要想抓住看起来如此强健敏捷的瞪羚，是在浪费时间和精力。❶ 如网络资讯市场信息传递中，拥有信息资源的一方通过披露消息来源、公开调查数据等方式使受众相信其传递的信息是真实可靠的，向网民展示其具有较高的处理能力与传播能力从而获得较多网友的信任与支持，避免逆向选择发生使自身陷入不利境地。在网络资讯市场中，如果生产高质量信息的媒体能够找到某种途径，把高质量的信息类型有效地传递给网民，并被网民所接受或者使网民能将信息质量的高低区分开，那么该媒体便能从信号传递中受益，这种市场信号就是有效的。例如，人们认为刊登在《人民日报》的信息具有权威性，《人民日报》的辟谣信息具有高公信力，而自媒体信息公信力较低，这是通过平台的声誉与公信力来区分信息质量的高低，这一有效途径将在第 6 章的声誉模型中加以详细分析阐述。信号甄别（Screening Model）指不拥有私人信息的一方为减弱信息不对称给自身带来的不利影响，通过预先设定的方式迫使对方公开消息。在网络资讯市场博弈中，处于信息资源劣势的受众，通过集体传播流言、质疑批评信息垄断方，从而迫使信息垄断方公布相关信息。

---

❶ ALCOCK JOHN. Animal Behavior：An Evolutionary Approach ［M］. Sunderland, MA：Sinauer, 1993.

5.2　信号传递成本

信号是具有成本的，研究信号传递成本，降低高质量信息的传递成本，提高低质量信息的传递成本，可以有效抑制逆向选择的发生。

法国学者那丁·土桑·德莫林（Nadine Toussaint – Desmoulins）提出，信号传递成本主要包括信息编辑成本、信号传送成本和信息审核成本，信号总成本为信息编辑成本、信号传送成本、信息审和成本之和，其中信号编辑制作成本与传送成本由信息生产方或供应方承担，信息接受方需要承担信号考察成本（包含金钱、时间、精神等全部要素）。● 信号传递又分为直接传递和间接传递两种，网络资讯市场的信号传递多数是通过网络媒介间接传递。对于信息卖方而言，不同类型的买方其支付的成本不同。在信息不对等情况下，要解决这个问题，信息提供方首先考虑传达出去的信息能被接收者筛选和保留下来，许多发送者认为有效的信息，对于接受者而言未必有用；其次，将接收者的考察成本降到最低，最好接近无成本。对于信息弱势方即接收方而言，信号传递是一种双向互动的沟通模型，信号提供者传递的信息具有多样性，但并非每条信息都对接收者的认识与决策具有参考价值，因此对信号必须精心设计，使接收者能够通过信号的强弱区分舆论信息质量高低。在网络资讯市场里，如果高质量信息

● 那丁·土桑·德莫林. 传媒经济［M］. 朱振明，译. 北京：中国传媒大学出版社，2012：32.

提供者能找到某种可靠有效的途径，把自己能提供高质量、高水平服务的信息传递给接收者，并被接收者识别、认可其信号类型可以降低信息不对称，从而避免逆向选择发生。但在当前网络资讯市场上，信息买方通常采用"造势"形成舆论压力迫使卖方提供真实信息，这种方式缺乏长效机制，真正需要建立的是有效监督与制约机制。

5.3　信号博弈分析与结论

从上文的分析可知，网民选择、接受、传播信息的过程，实际表现为信号传递博弈，信号传递可以使信息公开，降低双方信息不对称程度，有效抑制逆向选择的发生。

在网络资讯市场博弈中，首先自然选择信息生产者的类型，假设类型集为 $\theta = \{高质量，低质量\}$，然后，信息生产者根据自然选择，确定将 S 作为发送信号，S 有可能是高质量信息，也有可能是低质量信息。从网民角度说，网民根据接收到的信号 S，结合自身的认知与舆论发展情况，判断信息生产者传递的信号类型，应用贝叶斯法则对信息提供者的先验概率进行不断修正，即通过反复修正先验概率得到后验概率，根据其后验概率判断是否应继续信任与接受该生产者的信息。从信息生产者来说，当其发出信号时，预估到网民将根据其信号质量的高低，修正对其类型的先验判断，因而信息生产者在信号发送前要选择一个最优的信号战略；与此同时，民众亦知信息生产者选择的信号战略是给定类型和现有信息效应情况下的最佳策略，网民可通过对信息提供者行为的长期观察，不断调整、修正自己的先验判断，从而选择最优行动策略，最大化自身效益。

同时，在网络资讯市场博弈中，信息发布者的可选策略有强信号和弱信号两种，高质量与低质量信息生产者均可选择强信号与弱信号。一般来说低质量信息生产者选择释放强信号需要付出较高的成本，如雇用大量水军顶帖、评论、转发或者付出较多推广费在各大网络媒体刊登、推送。低质量信息释放强信号有两种可能性结果，第一种，通过营销、推广等手段运作，其声势、影响力可以超过高质量信息，出现逆向选择；第二种，因其信息真实价值与实际不相符合，经不起信息市场考验，仍旧会被认知水平日益提高的民众所抛弃，低质量信息生产者之前投入的成本没有收益，对于低质量信息生产者而言要释放强信号成本较高、风险较大。而对于向来是高质量信息生产者来说，释放强信号需要付出的成本相对较低，收益预期较为稳定；但高质量信息生产者如果为了节省成本选择释放弱信号，有可能被强信号的低质量淘汰出局，亦不可傲慢轻视博弈对手。在激烈的市场竞争中，信息生产者向受众传递的信息不仅有成本而且成本昂贵并与风险并存。在一定程度上说，只有较高的信息成本才能阻止低质量信息生产者模仿高质量信息生产者使用强信号逆转网民的选择。因此，最好的均衡是高质量信息生产者使用强信号，低质量信息生产者倾向使用弱信号，受众通过分辨信号强弱便可判断信息质量，但在复杂多变的网络舆论博弈场中，却难以遵循此均衡，低质量信息生产者会释放强信号先声夺人，抢占舆论场获取收益。

再看微信公众号的信息传递情况。假设某微信公众号发布的信息可能是高质量，也可能是低质量信息，公众号信息发布者知道信息质量情况，但受众并不知情，受众在看完信息之后才知道信息质量高低。如果该微信公众号发布的都是高质量信息，受众看过信息后会继续选择关注；如果是低质量信息，受众看过一次或者几次后会选择取消关注。当下，微信公众号的推广营销需要一定的推广费与广告费。假定微信公众号每推广一个受众的平均成本为 5 元，推广 n 人的成本为 $5n$，每争取一名受众可获得 2 元收益，获得总收益是 $2n$。受众认为花高成本推广的公众号是高质量信息，不做推广的则为低质量信息，然后根据阅读情况修正自己的判断。如果是高质量信息的公众号，营销推广第一轮能获取 $2n$ 的收益，受众继续关注公众号，又能获得 $2n$ 的收益，该高质量微信公众号可以得到 $4n$ 收益，到受众第三次消费该公众号信息时，公众号收益为 $6n$，此时超过营销投放费用。但如果是低质量信息，做营销推广第一次也能有 $2n$ 的收益，但受众关注过该公众号信息后，觉得上当受骗，则取消关注，公众号的收益只有 $2n$，低于其投入的营销推广成本，低质量信息生产者不会花钱做大规模推广。显然，对于高质量信息生产者来说，投入营销成本是能获得长远效益的，对于低质量信息生产者，则试图靠骇人听闻、闻所未闻、虚假谣言等吸引受众眼球。微信公众号的营销便是信息生产者向市场传递信息的成本，只有当这种成本足够高，生产低质量信息者才不敢模仿高质量信息生产者做混淆视听的推广，推广才能起到信息传递作用。如上文所述，如果推广费用从 $5n$ 降低到 $2n$，低质量的公众号也会模仿高质量公众号做大规模推广，受众将会受到误导，难以分辨高质量与低质量的公众号。由此可见，数额较高的推广费可以有效区分高质量公众号与低质量公众号。但在当下网络的信息推广费较为低廉，使得多数生产低质量信息的网络媒介乘虚而入，将自身包装成高质量信息提供者，并不停地通过推广营销，吸引新的受众，获取一次性收益。随着低质量信息生产者推广营销规模的扩大与数量增多，尤其在信息不对称的情况下，民众难以分辨质量高低好差，容易出现逆向选择，高质量信息提供者被埋没在信息洪流中，而低质量信息提供者却逐渐占领信息市场。

第6章 KMRW 声誉模型

——提高网络资讯市场信息传播效率研究

本书在第5章的信息传递模型中阐述，具有较高声誉的高质量信息生产者在选择强信号时，付出的信息传递成本较低质量信息生产者少很多；反之低质量信息想要释放强信号，所需成本昂贵且具高风险。本章在第5章研究解决信息不对称问题的基础上，继续研究进一步提高信息传播效率问题。

在网络资讯市场上，根据双方信息不对称程度，可将信息划分为三大类。第一类为搜寻信息，尽管信息接受方事先不知道信息质量高低好坏，但只要付出一定的搜寻成本，就可以明辨信息真伪。搜寻信息通常存在于信息较为公开的行业与领域，如法律条文、政府条例规章、科学常识等信息。第二类为经验信息，付出信息搜寻成本仍无法了解，只有亲身验证后或者体会一段时间后才得知真假，如政策预期类信息等。第三类为信任信息，在信息完全不对称情况下存在，信息拥有方垄断信息资源，受众既无法通过搜寻得知情况，也无法通过亲身体验证实信息真伪，只能主观凭借信息发布者的声誉、公信力等因素判断信息质量高低。重大突发事件的信息多属于第三类，是一种信任信息。信任信息是否能被公众信任以及被信任程度的高低，与信息发布者的声誉高低会有何种关联，本章将予以研究探讨。

本章引入博弈论中的 KMRW 声誉模型，研究不同声誉水平的信息机构，民众对其发布的信息的接受程度有何差异，民众接受程度不同会给双方策略选择与收益函数带来何种影响。本章还从网络信息提供方——政府、网络媒体角度探讨，在不求助政府权力的情况下，是否可以通过建立声誉机制，发挥市场机制本身的调节作用，来探索降低信息传递成本，提高信息传播效率的可能性途径。

6.1　KMRW 不完全信息声誉模型介绍

不完全信息博弈是著名的诺贝尔经济学奖获得者海萨尼（Harsanyi）在 1973 年作出的开创性研究。1982 年克雷普斯（Kreps）、米尔格罗姆（Milgrom）、罗伯茨（Roberts）和威尔逊（Wilson）提出"四人帮模型"（Gang of Four Model）——KMRW 声誉模型来阐释行为人在不完全信息重复博弈中的策略选择。❶

不完全信息是指一方参与人对另一方参与人的行为偏好、支付函数、战略等情况的认知与掌握是不完全的，即参与博弈的一方并不知道另一方的具体情况。不完全信息又分为单方信息不完全和双方信息不完全两种。单方信息不完全指一方知道另一方的

---

❶　KREPS D, MILGROM P. Rational Cooperation in the Finitely Repeated Prisoners Dilemma［J］. Journal of Economic Theory, 1982 (27), 245 – 252.

类型、战略空间和收益情况，而另一方则不知道对方的特性。双方信息不完全指博弈双方均不知道彼此的类型、战略空间和收益情况。

在网络资讯市场博弈中，博弈类型可以是单方信息不完全博弈，网民不知道政府在某个危机事件处理中的态度、决策，政府则可通过大数据掌握网民的情绪、行为；亦可是双方信息不完全博弈，网民不知道政府的处理政策与态度，政府也不知晓网民的情绪与利益诉求。在商业竞争中，企业对竞争对手的生产成本、经营策略、技术创新等核心竞争力情况并不完全了解，或者一方了解其对手，另一方并不了解，而掌握对方信息的多寡，在一定程度上可以扭转竞争局面。在社会生活中，人与人之间的交往中，仅凭第一印象难以清楚对方的品性是善是恶、能力是高是低，如恶人会假装善良博取信任，虚伪者会披着道德外衣行骗等。

6.2　单方信息不完全声誉博弈

本节把政府、网络媒体与民众之间的相互较量描述为一个无限重复博弈的 KMRW 声誉模型，博弈主体间每一回合的较量就是一个阶段的博弈。囚徒困境是博弈论中最为著名的经典模型，美国学者艾里克·拉斯穆森（Eric Rasmusen）❶、诺兰·麦卡蒂

---

❶　艾里克·拉斯穆森. 博弈与信息：博弈论概论［M］. 韩松，译. 中国人民大学出版社，2009：152－175. 艾里克·拉斯穆森建立无限次重复博弈的产品质量模型，来探讨声誉对企业效益的问题。

（Nolan McCarty）❶、罗伯特·吉本斯❷及中国学者张维迎❸等，在出版的著作中将囚徒困境模型作为基础模型，应用到政治、经济领域的研究中。本节借鉴国内外学者的研究成果，将囚徒困境模型引入网络资讯市场主体参与的博弈研究中，以囚徒困境模型为基础模型，将囚徒困境博弈进行反复多次博弈，来研究分析博弈次数对行动策略的选择。

　　构建一个简单的囚徒困境博弈，如图 6 - 1 所示。假设网络资讯市场博弈中，A 为政府，B 为涉事者，将政府与涉事者比喻成参与囚徒困境博弈的 A 与 B，A、B 有两种类型：合作型与非合作型。若政府为合作型意味着选择合作战略，非合作型则选择背叛；若涉事者为合作者，意味选择合作战略，非合作者则会选择反抗战略。在完全信息条件下，双方都知道彼此的类型与特性，其中 A 与 B 博弈会选择的均衡为（背叛、反抗），政府选择背叛，涉事者选择反抗。而在单方信息不完全博弈下，情况将发生变化。

　　假定在该博弈中政府 A 知道涉事者的具体情况，而涉事者 B 不知道政府 A 的特性。涉事者 B 认为政府 A 有两种可能，合作或者背叛的，是合作类型的可能性为 p，非合作类型概率为 $1 - p$，在涉事者不知道政府态度与行动的情况下，将囚徒困境重复

　　❶ 诺兰·麦卡蒂，亚当·梅罗威茨. 政治博弈论［M］. 孙经纬，高晓晖，译. 上海：格致出版社，2009：190 - 196. 诺兰·麦卡蒂建立重复囚徒两难博弈模型论证政治策略选择问题。

　　❷ 罗伯特·吉本斯. 博弈论基础［M］. 高峰，译. 北京：中国社会科学出版社，1999：69 - 85. 罗伯特·吉本斯以无限重复博弈模型论证企业的策略选择。

　　❸ 张维迎. 博弈论与信息经济学［M］. 上海：格致出版社，2012：214 - 224. 张维迎构建不完全信息重复博弈 KMRW 声誉模型来论证政府的货币政策。

博弈两次，可得到如下情况。如图 6-2 所示，在第一轮博弈时，即 $t=1$ 时，涉事者 B 会选择反抗以最大化自身收益。如果政府 A 是非合作的，会在此时选择背叛；如果政府 A 是合作的，那么政府 A 在第二阶段的策略取决于涉事者 B 在第一阶段的选择，合作或者背叛，A 的行动集记为 $Z \in$（合作、背叛）。

B 涉事者

A 政府		合作	反抗
	合作	（4，4）	（-2，5）
	背叛	（5，-2）	（0，0）

图 6-1　单方信息不完全声誉博弈

			$t=1$		$t=2$
A 政府	合作	p	合作		Z
	非合作	$1-p$	背叛		背叛
B 涉事者	非合作			Z	反抗

图 6-2　双方重复博弈两次

如果政府 A 是合作型的，在第一阶段必定选择合作。如果 A 是非合作的，第一阶段就会选择背叛。政府的选择不影响涉事者在第二阶段的决策。

但对于涉事者而言，尽管其是非合作型的，但在舆论博弈的一开始就选择反抗策略的总体收益显然不是最理想的，因为网络资讯市场博弈是重复多次的博弈，一开始就选择反抗，暴露自身的非合作类型，意味着下一轮博弈，涉事者将会有 p 的概率失去获得网民与政府支持的可能性，获得较好收益的概率将大大降低。

不妨作计算，如果涉事者 B 在第一阶段选择反抗，B 的期望收益为 $5p + 0(1 - p) = 5p$；在第二阶段期望收益为 0。两阶段总收益 $t_1 + t_2 = 5p$。

假如涉事者 B 在第一阶段选择合作，$t_1 = 4p + (1 - p)(-2) = 6p - 2$，第二阶段 $t_2 = 5p + 0(1 - p) = 5p$，则 $t_1 + t_2 = 11p - 2$。

$11p - 2 \geqslant 5p$，则 p 大于 $1/3$，涉事者 B 认为政府 A 是合作型可能性大于 $1/3$ 式，涉事者 B 就会在第一阶段选择合作策略；反之则选择在第一阶段就反抗，第二阶段继续反抗。对政府 A 类型概率的判断，会影响与改变涉事者 B 的策略，理性让涉事者 B 会权衡眼前利益与长远利益的关系。

在第三阶段，则有情形如图 6 - 3 所示。

		t=1	t=2	t=3
A 政府	合作	p	合作	Z	Z
	非合作	$1-p$	?	背叛	背叛
B 涉事者	非合作		Z	Z	反抗

图 6 - 3　第三阶段博弈

对于政府 A，假设政府 A 是合作型的，政府 A 在第一阶段选择合作，第二、三阶段的策略取决于涉事者 B 在第一、二阶段的选择。如果政府 A 是非合作型政府，那么政府 A 在第二、三阶段会选择背叛策略。假如涉事者 B 在 $t = 1$ 第一阶段选择合作，政府选择反抗，政府在第一阶段得到 5；在 $t = 2$ 第二阶段，涉事者经过第一阶段的博弈，已经推测知道政府 A 属于非合作型类型，涉事者 B 在 $t=2$、$t=3$ 阶段就会一直选择反抗策略，政府 A 的总收益为 $5+0+0=5$。如果政府 A 在第一阶段选择合作来掩盖自己的非合作类型，涉事者 B 在 $t=2$ 阶段博弈时，对政府 A 的先验判断并未发生变化，涉事者 B 在第二阶段继续选择合作。政府 A 在第二、三阶段选择背叛得到总收益为：$4+5+0=9$。由此可见，对于政府 A 而言，涉事者 B 一旦在第一阶段选择反抗战略，那么政府的收益则最少。涉事者如果不在第一阶段和第二阶段选择背叛，政府 A 在第一阶段选择合作战略是最优的选择。

再从涉事者 B 的角度看，B 的战略集较为复杂，有（合作、反抗、反抗）、（合作、合作、反抗）、（反抗、反抗、反抗）、（反抗、合作、反抗）四种不同战略集合。

假设政府的战略为（合作、背叛、背叛），那么涉事者 B 的选择应对策略为（合作、合作、反抗）战略，B 在三阶段的预期总收益为：$4+4p-2(1-p)+5p+0=11p+2$。

若 B 选择（合作、反抗、反抗）策略，则 A 选择（合作、合作、反抗），B 的预期总收益为：$4+5p+0(1-p)+0=5p+4$。

若 B 选择从一开始就选择反抗战略，那么合作型 A 会在第一阶段选择合作，后面两阶段选择背叛。B 的总效益为：$5+0+0=5$。

若 B 选择（反抗、合作、反抗）战略，合作类型的 A 则会在第一阶段选择合作，第二阶段选择背叛，第三阶段则选择合作，此时 B 的总效益为：$5+(-2)+5p+0(1-p)=5p+3$。

可将这四种收益函数表示在一个坐标图上，横坐标 x 代表 A

是合作型的概率，纵坐标 y 代表 B 行动战略的预期收益函数，如图 6 - 4 所示。

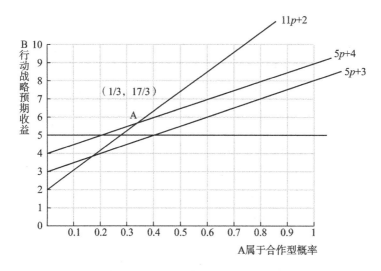

图 6 - 4　四种不同战略下 B 的收益曲线

显然，当 $p \geqslant 1/3$ 时，B 选择（合作、合作、反抗）战略，其 $11p + 2$ 的效用最大，（合作、合作、反抗）战略组合是精炼纳什均衡。A 在第一阶段选择合作，在第二、三阶段选择背叛；B 在三个阶段分别对应选择（合作、合作、反抗）策略。

在 $p \leqslant 1/3$ 时，B 在三个阶段都选择反抗战略，则 A 的选择分别为（合作、反抗、反抗）。此时，B 的收益最大。当且仅当 B 估算 A 属于合作性的可能性少于 1/3 时，B 方可第一次就选择反抗战略。

6.3　双方信息不完全的声誉机制

假定在博弈中，假设 A、B 双方不知道对方的类型，即不完全信息博弈，情况就显得更为复杂，需要更为精细的精算过程。下面以上文相同的论证模式，建立重复多次的囚徒困境模型。

如果 A 一开始就选择非合作（背叛）策略，B 选择了合作策略，利益受损，A 暴露自己的非合作类型，那 B 则始终选择不与 A 合作。那从第二轮开始的均衡为 A 不合作，B 不合作。A 最大的预期收益为：$4+0+0+0\cdots=4$。

如果 A 在第一轮博弈采取合作策略，直到对方选择背叛不合作，之后永远选择不合作策略。假设 B 是合作型的概率为 p，是非合作类型的概率为 $1-p$。如果 B 是合作型的，则 A 每个阶段得到 4，T 个阶段则可得到 $4Tp$ 的期望收益。如果 B 是非合作型的，则 A 在第一个阶段得到 -2，其余阶段得到 0，期望收益为：$(1-p)(-2+0+0+0\cdots)$。推断 A 的最小收益预期为上述两种情形的总和，即 $4Tp+(1-p)(-2+0+0+0\cdots)$。

由此可分析，A 期望收益不小于 4，必须满足 $4Tp+(1-p)$ $(-2+0+0+0\cdots)\geqslant4$，则有 $T\geqslant(3-p)/2p$，$p\geqslant3/2T+1$，而 $0\leqslant p\leqslant1$，由此可见，A 在第一阶段选择背叛，不可能是最优战略。不管博弈者对先验概率 p 的判断如何小，哪怕小到 0.01，当博弈次数 T 达到 150 次时，合作便可达成。

KMRW 声誉模型证明，在博弈次数足够多的情况下，博弈者在博弈初始都面临被对手出卖的风险，但对未来预期收益会超过短期被出卖的损失。在博弈初始阶段,双方都会树立良好声誉,不愿意暴露自己是非合作类型,从而失去长期合作收益的可能性。对于任意自然选择的 p,存在重复次数博弈的临界值 $T*$,当博弈次数低于这个临界值时,预期的合作收益抵不过眼前利益,从而选择背叛以求一次性获利。临界值 $T*$ 就是不合作阶段的次数,大于 $T*$ 临界值的前期阶段博弈就是合作阶段,之后的 $T-T*$ 是非合作阶段。

6.3.1 政府与网民博弈

政府处于信息资源垄断地位,假设其是网络热点事件信息卖方,网民是信息的买方。在政府与网民的博弈中,政府会为了长远效益与执政公信力,建立良好声誉,担负社会责任;亦会为短期政绩与维稳进行管控与威慑,因此在不同事件或同一事件不同阶段,政府会采取不同策略。而假设网民或者涉事主体在网络资讯市场博弈中始终是理性的,即非合作型,尽可能最大化维护与争取自身利益。该博弈是一个单方信息不完全动态博弈。政府知道涉事主体与网民的类型,而涉事主体与网民们则不知道政府在某一事件中的处理态度与倾向。

假设政府机关有两种类型:一种是责任型,其行动会使民众利益最大化;另一种是威慑型,在特定压力与时期会利用资源信息垄断优势,采取不负责任行为来获取短期效益。在某一舆论初始,网民不知道政府类型,但可以通过观察政府处理类似舆论危机事件的举措来推断政府的类型,并修正判断。政府一旦隐瞒真相或者发布虚假消息,其声誉破产,在整个舆论事件博弈中,将处于道德弱势，导致后续舆论处理的被动局面。

用 a 代表政府类型，$a=0$ 代表责任型，$a=1$ 代表威慑型。W 为政府无效率行为，$0 \leq W \leq 1$，W^e 为网民对政府处理网络危机事件效率行为的预期函数，$0 \leq W^e \leq 1$，构造政府单阶段效用函数为

$$U = -\frac{1}{2}W^2 + a(W - W^e) \qquad (6-1)$$

若 $a=0$，政府为责任型，则 $U = -\frac{1}{2}W^2$，当 $W=0$ 时，可实现效用最大化，意味着政府要保持良好声誉才能实现舆论治理效率的最大化。若 $a=1$，政府为威慑型，则 $U = -\frac{1}{2}W^2 + W - W^e$，情况则要复杂很多，政府知道与网民是多次重复博弈行为。政府为了最大化长期效用，不会在博弈一开始就选择无效率的毁坏声誉的短视行为。假设重复博弈 T 阶段，$a=0$ 政府是责任型的先验概率是 p_0，$a=1$ 政府是威慑型的先验概率为 $1-p_0$。

涉事主体

		合作	斗争
政府	合作	（8，8）	（-6，10）
	威慑	（10，-6）	（0，0）

图 6-5　政府与涉事主体博弈

假设在重大突发网络资讯市场事件中，政府与网民进行多阶段的博弈，政府的策略集合为合作与威慑，网民的策略集合为合作与斗争。责任型政府意味选择合作战略，威慑型政府选

择威慑战略，理性型的网民则根据利益最大化选择合作还是斗争策略。

如果在完全信息条件下，双方都知道彼此的类型与特性，当政府为责任型前提下，双方选择的均衡为（合作、合作）；当政府是威慑型时，双方均衡为（威慑、斗争）。而重大突发事件网络资讯市场博弈在单方信息不完全下展开，情况将发生变化。

在网络资讯市场博弈中，政府知道网民的特性，而网民不知道政府的策略类型。网民认为政府有合作与威慑两种可能，是合作类型的概率可能性为 p，非合作类型概率为 $1-p$，双方在单方信息不完全的情况下，先将博弈重复两次的结果如图 6-6 所示。

			$t=1$	$t=2$
政府	合作	p	合作	Z
	威慑	$1-p$	威慑	威慑
网民	斗争		Z	斗争

图 6-6　网民与政府重复博弈两次

如图 6-6 所示，在第一轮博弈时，即 $t=1$ 时，网民会选择斗争策略以最大化自身收益。如果政府是责任型的，在第一阶段必定选择合作。在第二阶段的策略选择依赖于网民在第一阶段的行动策略，将政府的行动集记为 Z，Z 策略集为合作与威慑。如果政府是威慑型的，第一阶段就会选择威慑，即政府的选择不影响网民在第二阶段的决策。

但对于网民而言，尽管其是非合作型的，但一开始就选择斗争的总体收益并不是最理想的，因为在下一轮博弈中，网民将会有 p 的概率失去较好的收益。

如果网民在第一阶段选择斗争，网民的期望收益为 $10p + 0(1-p) = 10p$；在第二阶段期望收益为 0。两阶段总收益 $t_1 + t_2 = 10p$。

假如网民在第一阶段选择合作，$t_1 = 8p + (1-p)(-6) = 14p - 6$。第二阶段，$t_2 = 10p + 0(1-p) = 10p$，$t_1 + t_2 = 24p - 6$。

当 $24p - 6 \geq 10p$，则 $p \geq 3/7$ 时，网民认为政府是责任型可能性大于 3/7 时，网民就会在第一阶段选择合作策略；反之则选择在第一阶段就斗争，第二阶段继续选择斗争。对政府类型概率的判断，会影响与改变网民的行动策略。

在第三阶段，则有情形如图 6-7 所示。

			t=1	t=2	t=3
政府	合作	p	合作	Z	Z
	威慑	1-p	?	威慑	威慑
网民	斗争		Z	Z	斗争

图 6-7　第三阶段博弈

先分析政府，假设政府是责任型的，政府在第一阶段会选择合作，第二、三阶段的策略取决于网民在第一、二阶段的选择。如果政府是威慑型的，政府在第二、三阶段会背叛。假如网民在 $t = 1$ 阶段选择合作，政府选择威慑，政府在第一阶段得到 10，在 $t = 2$ 阶段网民就知道政府在处理该网络资讯市场事件的方式属于威慑型，网民在 $t = 2$、$t = 3$ 阶段也会选择斗争，政府的总收益为：$10 + 0 + 0 = 10$。如果政府在第一阶段选择合作来掩盖自己的威慑类型，网民在 $t = 2$ 阶段博弈时，对政府的先验判断并未发生变化，网民在第二阶段继续选择合作。政府在第二、三阶段选择威慑策略得到总收益为：$8 + 10 + 0 = 18$。对于政府而言，只要网民不在第一阶段和第二阶段就选择斗争，政府在第一阶段选择合作战略是最优的选择。

再看网民的战略情况，网民的战略集合有 4 种：（合作、斗争、斗争）；（合作、合作、斗争）；（斗争、斗争、斗争）；（斗争、合作、斗争）。

如果网民策略为（合作、合作、斗争），政府的战略为（合作、威慑、威慑），网民在三阶段的预期总收益为：$U_1 = 8 + 8p - 6(1 - p) + 10p + 0 = 24p + 2$。政府在三个阶段的总收益为：$f_1 = 8 + 10 + 0 = 18$。

若网民选择（合作、斗争、斗争）策略，则政府选择（合作、合作、威慑），网民的预期总收益为：$U_2 = 8 + 10p + 0(1 - p) + 0 = 10p + 8$。那么政府的总收益为：$f_2 = 8 - 6 + 0 = 2$。

若网民从一开始就选择斗争战略，那么责任型政府会在第一阶段选择合作，后面两阶段选择威慑。网民的总效益为：$U_3 = 10 + 0 + 0 = 10$，政府的总收益为：$f_3 = -6 + 0 + 0 = -6$。

若网民选择（斗争、合作、斗争）战略，责任类型的政府则会在第一阶段选择合作，第二阶段选择威慑，第三阶段则选择合作，此时网民的总效益为：$U_4 = 10 + (-6) + 10p + 0(1 - p) = 10p + 4$，政府的总收益为：$f_4 = -6 + 10 - 6 = -2$。

可将网民的四种收益函数表示在一个坐标图上，横坐标 x 代表政府是责任型的概率，纵坐标 y 代表网民行动战略的预期收益函数 U，如图 6 - 8 所示。

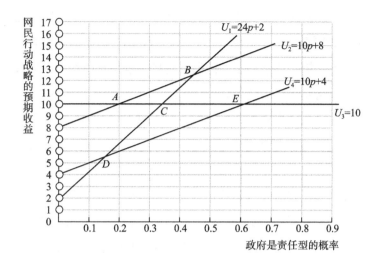

图 6 - 8 网民的四种收益函数

图中有 A、B、C、D、E 五个交点，其中 A、B 两个交点对问题分析有实质意义，求出图中具有分析意义的点 A、B 对应的 p_A、p_B 值。令 $10p_A + 8 = 10$，得出 $p_A = 1/5$。令 $24p_B + 2 = 10p_B + 8$，得出 $p_B = 3/7$。从中可以分析，当 p 值小于 $1/5$ 时，U_3 策略的收益较其他收益高，即有 $U_3 > U_2 > U_4 > U_1$，得出当 $0 < p < 1/5$ 时，选择最优策略为 U_3。网民从一开始就选择斗争战略，政府在第一阶段选择合作，后面两阶段选择威慑是最优战略选择。

当 $1/5 < p < 3/7$ 时，收益最高的函数为 U_2，其次为 U_1，后面分别为 U_3、U_4。其最优战略为网民选择（合作、斗争、斗争）策略，则政府选择（合作、合作、威慑）。

当 $3/7 < p < 1$ 时，收益最高为 U_1，其次为 U_2、U_4、U_3，则最优策略为网民策略为（合作、合作、斗争），政府的战略为（合作、威慑、威慑）。其中，U_4 和 U_2 是两条平行线，U_4 相对

于 U_2 是严格劣战略。❶ U_4 的策略集为网民选择（斗争、合作、斗争）战略，政府（合作、威慑、合作）。U_2 的行动集合为网民选择（合作、斗争、斗争）策略，则政府选择（合作、合作、威慑）。网民可将 U_4 战略剔除战略集。

再比较政府的收益，在 $3/7 < p < 1$ 时，网民选择 U_1 策略时，政府收益最高为 18；在 $1/7 < p < 3/7$ 中，网民选择 U_2 策略，政府收益为 2；而在 $1/7 < p < 1/5$ 时，网民选择 U_3，政府的收益为 -2；在 $0 < p < 1/7$，网民的最佳策略依旧是 U_3，但政府收益却低至 -6。

在坐标轴画出政府在博弈中的收益曲线，横坐标 x 表示网民对责任型政府概率估计值 p，纵坐标 y 表示政府的收益 f，如图 6 - 9 所示。

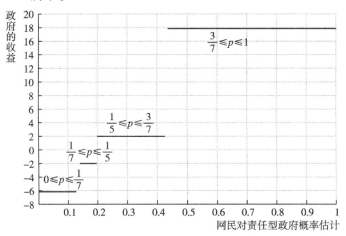

图 6 - 9　政府在博弈中的收益曲线

---

❶　全面严格劣势战略，简称严格劣战略（Strictly Dominated Strategy），指最差的战略，理性人不会选择。

从图 6-9 中可看出，政府的收益 f 随着网民对政府的信任度增加呈阶梯式逐级升高，当网民对责任型政府估计概率小于 14% 时，网民所采取的博弈策略，将导致政府收益为负值；当概率从 14% 升至 20% 时，政府的收益有所升高，但仍为负值；当概率上升至 20% 至 43% 时，收益呈稳定的正数；当 p 值超过 43% 时，政府收益急剧上升，并保持恒定数值。从模型中可得出，政府将声誉指数保持在 43% 左右是最优策略，可最大化政府治理效率。

由此分析可知，网民对政府类型分布判断会影响网民的博弈策略选择，网民对政府是责任型类型概率估判越高，就越倾向于采取合作策略，即便政府采取威慑策略后，网民仍旧愿意期盼与政府达成合作，网民在舆论博弈中配合程度越高，政府获益将越大。相反，网民认为政府是责任型可能越小，网民从一开始就不信任政府，越容易采取激烈的斗争手段，即使政府采取合作，网民也会采取斗争策略。这就导致网民、政府收益时两败俱伤。网民对政府的责任型类型的估判是基于政府之前积累的声誉与形象，每次回合的博弈，都将修正网民对政府类型先验概率判断，责任型政府会越来越受网民信任，网民越来越倾向采取互利共赢的合作策略，从而产生网络资讯市场治理的良性循环，而丧失声誉与公信力的威慑型政府则会陷入"塔西佗陷阱"。

KMRW 模型演绎说明，当博弈双方进行长时间、多阶段的重复博弈时，声誉、信誉形象的高低好坏将起到较明显的积极效应或负面作用，上一阶段积累的声誉形象往往会对下一阶段的收益与效用产生影响，前一阶段积累的良好声誉形象意味着在下一阶段会得到较高的收益与效用。因此，即便是非责任型政府也会有积极性伪装成责任型管理者，建立良好的声誉形象期望在博弈进行期间最大化自身效用。对于政府而言，在每次舆论危机事件中，都要保持与建立声誉来塑造公信力，获取网民的支持与认同，便于今后的社会治理与控制。

6.3.2　网络媒体与网民

网络媒体掌握着信息生产，假设其是网络资讯市场事件信息提供方，网民是信息的接收方。假设网络媒体有两种类型：一种是责任型，其信息都是高质量信息。每个网络媒体都希望树立责任型媒体的形象，良好品牌形象与社会公信力是当下媒介市场竞争的有力武器。另一种是非责任型，在特定情境下，网络媒体会大量生产传播低质量信息来获取经济效益或达到特定目的。

网络媒体的行动集合为（发布权威信息、发布流言），网民的行动集合为（传播、质疑），网民与网络媒体的博弈收益矩阵建立如下。

		网民	
		传播	质疑
网媒	发布权威	（40，40）	（-30，50）
	发布流言	（50，-30）	（0，10）

图 6 - 10　网络媒体与网民博弈

在第 2 章分析过，对于网络媒体来说，发布权威信息所消耗的人力、物力与时间成本是发布流言成本的 10 倍左右。一则权威信息与流言被点击与转发数量大致相等情况下，网络媒体发布流言的收益要远高于发布权威信息；一则权威信息与流言皆被质疑，那么发布权威信息的损失要高于发布流言损失。

在网络媒体与网民的博弈中，有两种假设情况：第一种情况是单方信息不对称博弈。网络媒体知道网民属于理性型，如果在信息对称的情况下，对于权威信息的态度是支持与传播，对于流言的态度是批判与抵制，而网民不清楚网络信息的真假好坏，会根据信息发布源的声誉，对信息作先验推断。第二种情况是双方信息不对称。网民不知道网络媒体的信息类型，网络媒体也不知道网民在事件中的所属类型。网民对于权威信息仍旧质疑，对于流言仍旧传播与散布。网民散播流言目的复杂多样，如柔性施压、倒逼真相、发泄情绪等。

先分析第一种情况。在突发重大网络事件舆论博弈中，网民不知道网络媒体的类型，难以判断其发布的信息是权威还是流言，但对信息属于权威的可能性有个先验概率判断 p，而属于流言的概率为 $1-p$。双方在单方信息不完全的情况下，先分析将博弈重复两次的结果，博弈图如图 6-11 所示。

			$t=1$	$t=2$
网媒	责任型	p	权威	Z
	非责任型	$1-p$	流言	流言
网民	理性		Z	质疑

图 6-11　重复博弈两次

在第一阶段博弈，如果该网络媒体为责任型，则会在第一阶段发布权威信息，在第二阶段的行动根据网民第一阶段的行动策略作调整，可将网媒的行动集合记为 Z、$Z \in$ （发布流言、发布权威）。如果该网络媒体是非责任型的，第一阶段就会选择发布流言，网络媒体的选择不会影响网民在第二阶段的决策。

但对于网民而言，网民为最大化自身收益往往先选择质疑策略，选择质疑的收益始终为正，风险最小。但在重复多次的博弈中，一开始就选择质疑的总体收益并不是最理想的，因为在下一轮博弈中，他将会有 p 的概率失去较好的收益。

在这两阶段的博弈中，如果网民在第一阶段选择质疑，网民的期望收益为：$50p + 10(1-p) = 40p + 10$；在第二阶段期望收益为 10。两阶段总收益：$t_1 + t_2 = 40p + 20$。

假如网民在第一阶段选择合作，$t_1 = 40p + (1-p)(-30) = 70p - 30$。

第二阶段，$t_2 = 50p + 10(1-p) = 40p + 10$，$t_1 + t_2 = 110p - 20$。

令 $40p + 20 \geqslant 110p - 20$，则 $p < 4/7$ 时，网民认为网络媒体是责任型可能性小于 4/7 时，网民就会在第一阶段选择质疑，反之则选择在第一阶段就选择传播，第二阶段继续选择质疑。对网络媒体类型概率的判断，会影响与改变网民的行动策略。在第三阶段，则有情形如图 6 - 12 所示。

			t=1	t=2	t=3
网媒	责任型	p	权威	Z	Z
	非责任型	$1-p$	？	流言	流言
网民	理性		Z	Z	质疑

图 6 - 12 双方重复博弈三次

先分析网络媒体，假设网络媒体是责任型的，那么网络媒体会在第一阶段选择发布权威信息，其第二、三阶段的策略选择取决于网民在第一、二阶段的行动策略。如果网络媒体是非责任型的，网络媒体将在第二、三阶段选择发布流言。假如网民在第一阶段选择传播与支持，网络媒体选择发布流言，骗取网民传播，网络媒体在第一阶段得到50。该网络媒体在第一阶段肆意发布虚假信息的恶劣行为向网民传递其不负责任类型特征，网民修正对网络媒体的先验信念，在之后的第二、第三阶段便会选择质疑，网络媒体的总收益为：$50 + 0 + 0 = 50$。如果网络媒体在第一阶段选择发布权威信息来掩盖自己的非责任型特质，网民第二阶段的阶段博弈时，对网络媒体的先验判断并未发生变化，网民在第二阶段继续选择传播。网络媒体在第二、三阶段选择发布流言策略得到总收益为：$40 + 50 + 0 = 90$。

再看网民的战略情况，网民的战略集合有（传播、质疑、质疑）；（传播、传播、质疑）；（质疑、质疑、质疑）；（质疑、传播、质疑）。

如果网民策略为（传播、传播、质疑），网络媒体的最佳应对战略为（权威、流言、流言），网民在三阶段的预期总收益为：$U_1 = 40 + 40p - 30(1-p) + 50p + 10 = 120p + 20$。网络媒体在三个阶段的总收益为：$f_1 = 40 + 50 + 0 = 90$。

若网民选择（传播，质疑，质疑）策略，则网络媒体选择（权威、权威、流言），网民的预期总收益为：$U_2 = 40 + 50p + 10(1-p) + 10 = 40p + 60$。那么网络媒体的总收益为：$f_2 = 40 - 30 + 0 = 10$。

　　若网民从一开始就选择质疑战略，之后一直选择质疑，那么责任型网络媒体会在第一阶段选择发布权威，后面两阶段选择发布流言。网民的总效益为：$U_3 = 50 + 10 + 10 = 70$，网络媒体的总收益为：$f_3 = -30 + 0 + 0 = -30$。

　　若网民选择（质疑、传播、质疑）战略，责任型的网络媒体则会在第一阶段选择发布权威信息，在第二阶段选择传播流言，第三阶段转而继续选择发布权威，此时网民的总效益为：$U_4 = 50 + (-30) + 50p + 10(1-p) = 40p + 30$，网络媒体的总收益为：$f_4 = -30 + 50 - 30 = -10$。

　　将网民的四种收益函数表示在坐标图上，横坐标 x 代表网络媒体是责任型的概率，纵坐标 y 代表网民行动战略的预期收益函数 U，如图 6 – 13 所示。

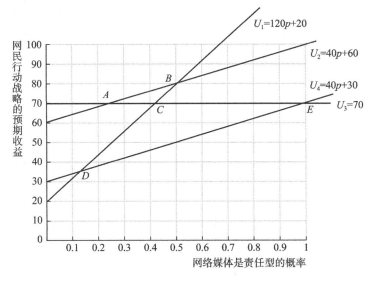

图 6 – 13　网民的四种收益函数

图 6-12 中有 A、B、C、D、E 五个交点，令 $40p_A + 60 = 70$，求出 $p_A = 0.25$，$u_A = 70$，A 坐标为（0.25，70）；令 $120p_B + 20 = 40p_B + 60$，求得 $p_B = 0.5$，$u_B = 80$，B 坐标为（0.5，80）；令 $120p_C + 20 = 70$，$p_C = 5/12$，$u_C = 70$，C 的坐标为（5/12，70）；令 $120p_D + 20 = 40p_D + 30$，$p_D = 1/8$，$u_D = 35$，得出 D 的坐标为（1/8，35）；令 $40p_E + 30 = 70$，$p_E = 1$，$u_E = 70$，E 坐标为（1，70）。在这五个交点中，可以直观分析出，在 A 点左边，直线 U_3 直线的收益是最高的，在 A 点和 B 点之间 U_2 收益为最高，在 B 点右侧，U_1 是收益最高的。

其中 A、B 两个交点的坐标对问题分析有实质意义，A 与 B 对应的坐标分别为（0.25，70），（0.5，80），即可分析出，当 $0 < p < 0.25$ 时，U_3 的收益最高，恒定值为 70；在网民对网络媒体责任型估值小于 0.25 时，网民的最优战略为，从第一阶段就开始质疑，一直质疑到博弈结束。责任型的网络媒体收益最高的策略也是第一阶段发布权威信息，第二、三阶段发布流言。

当 $0.25 < p < 0.5$ 时，收益最高的函数为 U_2，其次为 U_1。其最优战略为网民选择（传播、质疑、质疑）策略，则网络媒体选择（合作、合作、威慑）。

当 $0.5 < p < 1$ 时，收益最高为 U_1，其次为 U_2、U_4、U_3，则最优策略为网民策略为（传播、传播、质疑），网络媒体的战略为（权威、流言、流言）。

其中，U_4 和 U_2 是两条平行线，U_4 相对于 U_2 是严格劣战略，可剔除。

再比较网络媒体的收益，在 $0.5 < p < 1$ 时，网民选择 U_1 策

略时，网络媒体收益最高为 90；在 $0.25 < p < 0.5$ 中，网民选择 U_2 策略，网络媒体的收益为 10；而在 $0 < p < 0.125$ 时，网民选择 U_3，网络媒体的收益为 -30。

在坐标轴画出网络媒体在博弈中的收益曲线，横坐标 x 表示网民对责任型网络媒体概率估计值 p，纵坐标 y 表示政府的收益 f，如图6－14 所示。

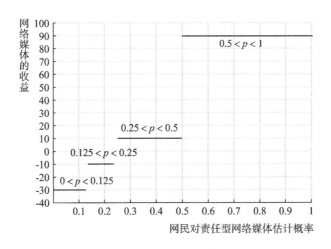

图 6－14　网民信任度与网媒收益的关系

从图 6－14 中可看出，网络媒体的收益数值随着网民对网络媒体的信任度增加呈陡峭阶梯式迅速上升，当网民对责任型网络媒体估计概率小于 25% 时，网民所采取的博弈策略，将导致网络媒体的收益为负值；当概率从 25% 升至 50% 时，政府的收益从 -30 上升至 10，提高了 300%；当 p 值超过 50% 时，网络媒体收益急剧上升，从 10 剧增为 90，增加 800%，并保持恒定数值。从模型中可得出，网络媒体将声誉指数保持在 50% 偏上是最优策略，既可树立良好声誉，保持竞争力，又可在特定情况下采取非责任型策略，最大化自身经济效益。

分析数据表明，网民对网络媒体类型的先验概率判断，会影响网民的博弈策略选择，网民认为网络媒体是责任类型概率估计值越高，就越倾向于采取传播策略，即便网络媒体一时发布了不实流言，网民仍旧愿意相信与转发该网络媒体的其他信息。相反，失去公信力与良好社会形象的网络媒体，网民从一开始对其信任程度就较低，越容易采取质疑与抵制手段，即使网络媒体发布权威消息，网民也会质疑与否定。网民对网络媒体类型的估判是基于该媒体之前积累的声誉与形象，每回合博弈，都将修正网民对网络媒体类型的先验概率判断，责任型网络媒体会越来越受网民信任，成为网民获取信息与表达心声不可或缺的平台，而非责任型的媒体则会被网民抛弃，失去社会效益与经济效益。网络媒体在舆论博弈中，为了建立信誉获取长远效益，网络媒体会伪装成"道德型"站在民众一边，或者以舆论压力迫使政府公开信息解决问题，获取网民的支持率与关注度，从而获得长远的效益。但同时，网络媒体也会迫于压力站在政府一边，协助政府封锁消息，隐瞒真相。

当博弈处于第二种情况时，网民与网络媒体双方都不知道彼此类型，即不完全信息博弈情况时，亦可得出结论，不论双方信息存在何种程度的不对称与不确定性以及网民对网络媒体的信任先验概率 p 有多小，只要博弈进行次数足够多，双方合作情况便会出现。

在网络资讯市场博弈中，网络媒体与涉事网民都不愿意在早先阶段就把自身的声誉毁坏，以免在下一轮博弈中失去舆论支持而无利可图，处于被动、劣势局面。涉事网民不想让舆论认为其是无理取闹的暴民，想通过有理有据、有力有节的意见表达争取社会舆论的支持；网络媒体更不希望沦为广大网民眼中的权势传声筒或是赚钱工具抑或是谣言发布站。

如果网民一开始就选择斗争质疑策略，网络媒体选择了发布权威信息策略，网媒利益受损，网民在一开始就暴露自己的非合作类型，那么网络媒体在之后的博弈中会选择不与涉事网民合作。从第二轮开始的均衡为双方采取不合作策略，网民最大的预期收益为：$50 + 0 + 0 + 0\cdots = 50$。

如果网民在第一轮博弈采取合作策略，直到网络媒体选择刻意隐瞒发布假消息后，永远选择质疑策略。假设网络媒体是责任型的概率为 p，是非责任类型的概率为 $1 - p$。如果网民是合作型的，则网民每个阶段得到 24，T 个阶段，则可得到 $24Tp$ 的期望收益。如果网民为非合作型的，则网民在第一个阶段得到 32，其余阶段得到 0，期望收益为 $(1 - p)(-2 + 0 + 0 + 0\cdots)$。推断 A 的最小收益预期为上述两种情形的总和，即 $4Tp + (1 - p)(-2 + 0 + 0 + 0\cdots)$。

由此可分析，A 期望收益不小于 4，必须满足 $4Tp + (1 - p)(-2 + 0 + 0 + 0\cdots) \geqslant 4$，则有 $T \geqslant (3 - p)/2p$，$p \geqslant 3/2T + 1$，而 $0 \leqslant p \leqslant 1$，由此可见，A 在第一阶段选择背叛，不可能是最优战略。不管博弈者对先验概率 p_0 的判断有如何小，哪怕是小到 0.01，当博弈次数 T 达到 150 次时，合作便可达成。由此，证明不管先验概率 p_0 有多小，只要博弈进行次数足够多，双方合作情况便会出现。双方都不愿意在早先阶段就把自身的声誉毁坏，以免在下一轮博弈中无利可图，处于被动、劣势局面。

此外，在自媒体时代，每个网民都是信息传播源，网民在话语博弈中，不仅是信息的接受者，同时在一定情况下也是信息提供者，网民自身发布的信息是否具有影响力，不仅与其现实生活中的身份、地位、受教育程度、工作经历相关，更与其在虚拟网络上的发言内容、言论立场、言论风格密切相关。在自媒体时代，反沉默螺旋现象的出现，使得普通草根阶级想要成为意见领袖，成为舆论关注的焦点，就要采取与主流意见反其道而行的标新立异观念，才能在博弈中获得关注、积累人气，增加粉丝量。但之后，声誉博弈模型同样适用，如果一个人专靠发表骇人听闻的不实消息取得关注，久而久之，便会失去粉丝，收益随之下降。

6.4　分析结论

KMRW声誉模型说明，只要博弈参与者进行反复博弈的次数足够多，双方合作行为会在有限次重复博弈过程中实现。每一个参与人尽管在选择合作时可能面临被对手出卖的风险，但只要双方进行重复博弈的次数足够多，博弈双方短期内可能被对手出卖的损失远远低于未来的预期收益，即便双方本来类型不是合作型或者责任型的，但在博弈进行的最初阶段，每个博弈者都希望将自身塑造成为具有良好声誉的博弈者，并在博弈进行的每个阶段都将维持良好形象，而只有在博弈接近尾声时，参与者会在利弊权衡之后作出将之前建立的良好声誉形象一次性用尽，以追求利益最大化，双方合作不再进行。

一开始，博弈参与者并不知晓对方的类型与属性类型，是属于理性的还是非理性的，是合作的还是非合作的，博弈者只能根据自己掌握的信息推测对方属于非理性的概率为 P，假设该博弈是一个 T 阶段的重复博弈，只要重复博弈 T 次数足够多，就会存在 $T_0 < T$ 的节点，理性的博弈者会在 $t \leq T_0$ 的阶段选择合作策略，而当 $t > T_0$ 的最后阶段选择不合作策略以最大化自身收益，并且非合作阶段的数量 $(T - T_0)$ 的值与非理性概率 P 有关而与博弈次数无关。艾里克·拉斯穆森（Eric Rasmusen）认为，在社会生活中的一些长期合作交易关系中，博弈双方都会不惜成本地建立与维护良好的声誉与形象，这从短期来看似乎是不经济的，但从长远来看，可以在较长时间合作阶段内获得合作收入，这是经营者的最佳策略选择。❶ 声誉形象是政府、企业等各种机构的一项重要宝贵的无形资产。从上文的研究中，可分析得出以下三个结论。

第一，对于政府与网络媒体而言，提高声誉有益于提高收益函数。在上述单方信息不完全与双方信息不完全的声誉重复博弈模型演绎中，可以清楚观察到，政府与网络媒体的收益函数，随着声誉值的增高而呈阶梯式的提高，直到声誉值增加到节点值时，收益函数保持在稳定水平。从该模型演绎中得出，提高政府、网络媒体的声誉与公信力是提高信息卖方传播效率的有效

---

❶ 艾里克·拉斯穆森. 博弈与信息博弈论概论［M］. 韩松，译. 4 版. 北京：中国人民大学出版社，2009：161 - 162.

途径。

美国经济学家艾里克·拉斯穆森认为，在社会生活中一些长期合作交易关系中，博弈双方都会不惜成本地建立与维护良好的声誉与形象，这从短期来看似乎是不经济的，但从长远来看，可以在较长时间合作阶段内获得合作收入，这是经营者的最佳策略选择。❶

第二，建立良好的市场机制与监督机制，有助于信息卖方提供高质量信息。上述的 KMRW 声誉模型阐述，在博弈次数足够多的情况下，博弈者在博弈初始都面临被对手出卖的风险，但对未来预期收益会超过短期被出卖的损失，在博弈初始阶段，双方都会树立良好声誉，不愿意暴露自己是非合作类型，从而失去长期合作收益的可能性。对于任意自然选择的 p，存在重复次数博弈的临界值 $T*$，当博弈次数低于这个临界值时，预期的合作收益抵不过眼前利益，从而选择背叛以求一次性获利。临界值 $T*$ 就是不合作阶段的次数，大于 $T*$ 临界值的前期阶段博弈就是合作阶段，之后的 $T-T*$ 是非合作阶段。因此，要建立长效的市场机制与监督机制，使得临界值 $T*$ 前的博弈次数趋向无穷大，信息卖方与买方一直处于合作阶段，迫使其为了长远效益一直选择合作策略，使得自身的收益函数最大化。

第三，声誉形成是一个不断积累与修正的过程。无论个人、企业还是国家，声誉的形成是一个不断积累的进程。网民对网络媒体类型的估判是基于该媒体之前积累的声誉与形象，每一个回

---

❶ 艾里克·拉斯穆森. 博弈与信息博弈论概论［M］. 韩松，译. 4 版. 北京：中国人民大学出版社，2009：161－162.

合的博弈，都将修正网民对网络媒体类型的先验概率判断。责任型网络媒体会越来越受网民信任，成为网民获取消息与表达心声不可或缺的平台，其舆论引导能力与传播效能会随着网民的信任程度加深而逐渐提高；而非责任型的媒体则会被网民抛弃，坠入"塔西佗陷阱"，严重削弱舆论引导能力，传播效能亦随之降低，最终失去社会效益与经济效益。

第7章 网络资讯市场话语博弈与治理路径

网络空间是现实社会的镜像，物质世界的一切都会投射于网络而留存印迹。网络资讯市场的话语博弈之所以产生舆论差别、话语冲突和多元博弈，其根本原因在于利益立场的差异化。话语博弈中的不同声音代表不同利益阶层，人们受利益支配与利害关系驱使去断定事物远近亲疏与是非好坏，而产生对事物的不同认知。胡百精认为，意见竞争成为这个时代最大的景观，意见竞争既是问题，也包含着解决问题的答案。多元话语空间的博弈与撕扯是时代的产物，是客观的必然。而从非理性争吵到理性互动，直至"合意空间"的达成，是这个意见竞争大景观之下理性解决问题的关键。合意空间并非要求各方意见完全一致或者欲望完美对接，而是以各方意见的最大公约数为基石砌造的，它承认、容纳和珍惜意见的多样性。合意空间并非强调意见统一，而是一个能够进行理性对话的公共舆论空间，而多方话语的理性"互动"式对话则是"合意空间"达成的重要前提。❶"合意空间"的达成来源于互动沟通,与谁互动沟通、沟通什么、如何沟通是一个博弈过程,沟通的目的是达成多元话语之间的对话,从"零和博弈"到"双赢型——非零和博弈"再到"合意对话"。

针对上文"柠檬市场"模型、Multi – Agent 仿真模型、信号传递模型以及 KMRW 声誉模型的研究分析,本章以博弈思维探讨网络资讯市场话语博弈与合意空间的达成。

7.1 网络资讯市场的情感与话语博弈

互联网时代,多元舆论格局变革,网络资讯市场中的传播内容、话语方式、叙事模式、语言情绪等存在"各表一枝""各说各话"等脱节与撕裂现象严重。话语博弈是互联网时代人类社会特有的传播现象,它具有一定的信息属性,也具有一定的情感属性。网络话语博弈不仅是显性的话语、行为或者文本,更是蕴藏在人们内心的情感诉求与心理需求。互联网既是舆论资讯的集散地,也是情感的发泄场。在互联网空间形成的网络资讯市场不仅具有内在的情感属性,而且还会受到外在情感因素的驱动和影响,舆论是一种话语博弈,也是情感心理的博弈。因此,关注舆论背后的社会情感,建立情感通道,弥合舆论场间的差异与撕裂,从而实现博弈与共鸣多赢局面。

---

❶ 胡百精. 危机传播管理 [M]. 3 版. 北京:中国人民大学出版社,2018:166.

7.1.1　潜舆论和显舆论

学术界认为，舆论有潜舆论和显舆论之分。早在 1928 年，瑟斯通（Thurstone L. L）提出"潜舆论就是内在态度、潜在意愿表达出来的舆论"。❶ 奥尔波特（Allport F. H）指出，不能忽略人们可能持有，但没有表达出来的潜在意见，应该改变以往的只有表达出来的或公开的舆论才具有力量的观点，主张重视潜舆论传播的力量。❷ 国内学者刘建明、马乾乐、陈力丹、胡钰等都对潜舆论做了阐释。潜舆论是具有重要影响和关联传播效应的舆论"暗流"，是社会情感共鸣和社会动员的重要驱动力量，对它的有效引导与利用对于网络资讯市场互动与博弈并达成合意空间具有重要意义。

各类突发事件背后隐藏着公众对真相的焦灼感和对改变现状之无力感，人们迫切需要获得外界信息以平衡个体内心、个人与他人、个体与社会的紧张关系。网民舆论表达与整个社会情感氛围的密切关系，互联网提供了社会情绪的出口，透过各类情绪可以洞察到更多当下转型变革中显现与潜在的社会问题。由于真实信息的缺失与认知局限，人们倾向于依靠谣言表达的信息、观点、立场来缓解自身的焦虑和对不确定性的认知，仿佛谣言对于个人来说，就像一种精神口香糖，能帮助人们消除焦虑、获得平

❶ THURSTONE L L · Attitudes Can Be Measured ［J］. American Journal of Sociology, 1928, 33 (4): 529 –554.

❷ ALLPORT F H. Toward a Science of Public Opinion ［J］. Public Opinion Quarterly, 1937, 1 (1): 7 – 23.

静，能够满足某种偏好，或是证实某种质疑，或是昭示某种希望等，在谣言中寻找渴望追求的信息或立场。谣言之所以被转述、被感染，其本身所具有的某种价值，能满足传谣者的某种心理需要。网络资讯市场包含社会情感，情感是社会舆论的内核性因素，情感同频共振是弥合多元舆论场的黏合剂。情绪化的表达，实质上反映特定条件下的道德和价值观的冲突，要关注网民情绪化表达背后的社会语境。

网络资讯市场深受非理性情感因素影响，各类社会情感与情绪在互联网场域中孕育、宣泄和演变，这些情感通常以非理性、情绪化的方式出现，引起非理性网络情感传播与情绪感染的蝴蝶效应。尤其在新媒体传播语境下，本就活跃敏感的舆论场一旦被激活，随时都有可能激发声势浩大的舆论洪流。当今流传的诸多网络谣言是社会环境的投射影子，不再是单纯的"缺乏事实依据的谎言"，或许某些谣言对于某个具体事件或个体而言并不属实，但就其背后折射的社会问题却是客观存在且被群众不满与痛恨，是社会矛盾的集中反映。这意味着网络资讯市场话语博弈应关照民众情感，以情感疏通为落脚点，不仅要关注线上呈现的舆论信息文本，更要重视意见文本形成背后的整个社会情感逻辑，而非仅仅局限于外在舆论信息文本管控。因此，对于社会潜舆论暗流是如何酝酿、传导和渗透至情绪表达者内心的，以及如何与事件相结合而点燃社会情绪等问题的剖析研究迫在眉睫。关注网民"说了什么、在说什么"固然重要，而透过网民"说了什么"去研究分析"在想什么、为什么这么想、为什么这么说"更具有研究价值。

因此，网络资讯市场博弈研究不能仅仅关注显性的舆论信息文本和网民的在线传播行为，而更应该分析研究潜藏在舆论信息意见文本与在线传播行为背后的情感逻辑与社会动因，从情感层面弥合多元舆论场的脱节与撕裂，扭转公众刻板印象、减少感情隔膜，从而提高舆论场间的价值共识度与内心共鸣，促成情感上的同频共振与达成合意空间。

7.1.2　舆论与情绪

阿诺德（M. B. ArnoldArnold）认为，"情绪是对趋向知觉为有益的、离开知觉为有害的东西的一种体验倾向。这种体验倾向为一种相应的接近或退避的生理变化模式所伴随"。情绪的性质并不直接由刺激事件决定，而是由人们对于刺激事件的评估决定，对于事件有不同的评估结果，人们的情绪也会有较大的不同。❶ 理查德·拉扎勒斯（Richard S. Lazarus）作为情绪认知理论代表人之一，他提出的"认知—评价"理论，把情绪看作是认知系统，而情绪反应表现在行为、生理和认知三个方面。他认为情绪是一种理解世界状态的方法，情绪是来自正在进行着的环境中好或不好的信息的生理心理反应的组织，它依赖于短时期或持续的评价，是人和环境关系以及它们之间瞬间与长期作用结果的重要中介机制。而评价的意义在于，对自己有害的和对自己有

---

❶　ARNOLD M B. Emotion an d personality, Vol. 1: Psychological aspects; Vol. 2: Neurologicalandphysiologicalaspects［M］. New York: ColumbiaUniversity Press, 1960.

利的在情绪活动中，人们需要不断地评价刺激事件与自身的关系。❶

理查德·拉扎勒斯（Richard S. Lazarus）认为，人和环境是一种处于动态的、相互的，双向的关系。❷他还指出情绪具有的特点，诸如体验、生理模式、评价等。情绪状态是由认知过程、生理状态、环境因素在大脑皮质中整合的结果。情绪的产生有两个不可缺少的因素：一是个体必须体验到高度的生理唤醒；二是个体必须对生理状态的变化进行认知性的唤醒。情绪是人与环境相互作用的产物，在情绪产生的过程中，人们会不断评价外界环境对自身的影响，同时也会不断调节自己对于刺激事件的态度与反应。所以人们的情绪会改变对事件的认知，形成不同的社会舆论态势。

1. 情绪化因素

（1）信息量

第一印象效应也叫首次效应、首因效应，是指个体在社会认知过程中，通过最先接触到的信息对客体认知产生的影响作用。人们在认知事物或认识人物时难免存在第一印象效应，当人们第一次与某种事物或某个人接触时会留下深刻印象，在头脑中形成并占据着主导地位，而此印象常作为最主要的信息对认知产生重要影响。

---

❶　LAZARUS R S. Cognition and Motivationin Emotion ［J］. The American psychologist. 1991，46（4），352－367.

❷　LAZARUS R S，FOLKMAN S. Transactional theory and research on emotions and coping ［J］. European Journal of Personality. 1987，1（3），141－169.

在网络资讯市场传播中，如果客体最初没有任何信息量，人们对于客体的评价来源于网络传言的负面或正面评论，那么外界评价会在用户脑中形成第一印象，难以改变且会持续伴随很长时间；相反，如果客体早期拥有较大信息存量，民众对该客体具有较为全面、客观的认知，为网络用户或舆论参与者提供充足信息保障，那么在社会事件或网络事件发生时，基于丰厚的信息量，网民能够依据自己所掌握的信息做出客观或理性的判断与评论，同时面对他人非理性情绪化言论时，亦可进行有理有据地辩驳，确保网民在参与网络事件或社会公共事件中言论表达回归理性化、合理化，维持网络舆论场的有效秩序与动态平衡。理性化与情绪化是人们在社会生活中对待客观事物的反应，感情态度倾向越是明显，表现越是强烈，情绪化现象则越严重。人们的情绪化是呈动态化发展，而非一成不变，随着信息拥有量的增加，对事物认知的改变，情绪也会发生一定变化。

（2）用户结构

根据中国互联网络信息中心（CNNIC）发布第 47 次《中国互联网络发展状况统计报告》，截至 2020 年 12 月，我国 20 岁以下、20～29 岁、30～39 岁、40～49 岁网民占比分别为 16.6%、17.8%、20.5% 和 18.8%，50 岁及以上网民群体占比为 26.3%。从年龄看，我国 39 岁以下网民群体占网民整体的 54.9%；从收入看，月收入在 2001～5000 元的网民群体占比为 32.7%，月收入在 5000 元以上的网民群体占比为 29.3%，有收入但月收入在 100 元及以下的网民群体占比为 15.3%，月收入在 5000 以下网民占比为 70.7%；从学历看，小学及以下网民群体占比 19.3%，初中、高中/中专/技校学历的网民群体占比分别为 40.3%、20.6%，大学及本科以上占比 9.3%，我国网民总体学历仍相对较低，高中及以下学历的网民占比达到 80.2%；从整体来看，我国低收入、低学历用户在整体网民中占比较大，受经济能力、知识储备、媒介素养等因素影响，网络群体易受他人情绪感染，在网络中易发出非理性言论。

（3）利益关联

社会中的个体有一定利益导向性，在面对事件时，会根据主观认知与情绪感受对客观事物作符合自身需要的评价。话题所涉及的问题与自身利益密切相关，则会积极支持有利于自身利益实现的一方，利益越密切，支持情绪越高涨；若话题与自身利益关系不大，则持漠不关心与旁观围观态度；若言论侵害自身利益，利益相关主体很可能调动全部资源维护自身利益，情绪也随着事件动态发展而剧烈波动起伏，呈现理性与非理性掺杂交织或情绪化压过理性的表达行为，甚至一边倒偏向情绪化，这种情绪化在圈层化传播效应的激化下不断强化原有认知与感受且易走向群体极化，以至于网民无法有效地认知与判断事件真实状况而出现逆向选择。

2. 理性化与情绪化博弈

网络是一把双刃剑，既会给公众带来开放性自由表达空间，也会伴随着诸多负面影响，情绪化的表达可能使舆论环境呈现混浊逆向选择景象。人类个体是理性和非理性的结合体，人类所有活动都含有理性和非理性成分，人类赖以生存的社会世界亦是理性和非理性并存的综合体。网民参与社会公共事务的过程亦是理性化与情绪化博弈的过程。戈夫曼的"拟剧理论"称，人的行为可分为"前台"和"后台"，在前台，人们的行为是一种角色呈现；而在后台，人们便卸下"包袱"，肆意展示自我。现实生活中，人们因受社会角色、社会伦理等方面限制与禁锢，对于自身呈现的个体外在形象会作精心修饰。而网络世界所具有的虚拟身份和匿名性特征为他们提供畅所欲言乃至发泄负面情绪的"后台"。情绪化是一种认知阈限超越后的身心表现，当我们对某事情或观点的同意或反对强度超过一定阈值，就会自然出现情绪化。引起社会型情绪化的因素较多：信息与原有认知相悖、双方信息交换不充分、情况不掌握、误解冲突他人等原因而表现情绪化。每个人对事物认知不同、价值观不同、所处位置不同，对于事物的"阈值"也会不同。阈值与个人当下所处环境也有密切关系，处于心情不佳、情绪低落、生活不顺等境况时，则会表现较低情绪化阈值，细枝末节的小事皆可触动敏感神经，毫无征兆爆发情绪化言论。

网络资讯市场受网络参与者、事件本身、社会环境、网络环境等各因素影响，各个因素之间的博弈造就话语环境的态势。面对类似性质事件，用户知识结构完善、信息量充足、有权威信息引导等因素都促使网络资讯市场趋向于理性化良好态势发展；反之则可能造成情绪化与极化倾向，排挤理性化思考，影响自身与他人的思考方式与思维模式，导致网民对社会认知带有较明显的负面情绪，不利于社会稳定与理性化网络资讯市场环境形成。

社会事件进程和网络舆论形成是一个持续不断进展的过程，而网络资讯市场理性化与情绪化在博弈中可实现不断变化与相互转换，转换条件是权威信息的呈现和社会协调机制的作用。权威部门要针对事件的现状和公众所需要的信息，及时、适时发布权威信息，加强与社会公众沟通与交流，消解猜想与疑惑，消解不安定的因素，减少不稳定社会情绪产生。同时，网络资讯市场的理性化与情绪化会随着人们拥有知识量与信息量改变而改变，当人们拥有丰富知识量与宽阔视野时，对待事物的认知才会呈现较为理性与客观态度。网民的媒介素养的提升也是理性化与情绪化博弈的重要议题。

7.2　政府：降低信息不对称程度

本书第 2 章中阿克洛夫柠檬市场模型证明，信息不对称会导致信息市场发生逆向选择，低质量信息占据网络市场与受众注意力，低质量信息的数量、影响力超过高质量信息，高质量信息被驱赶至市场边缘，远离受众注意力，最终低质量信息将高质量信息驱逐出网络资讯市场。第 3 章中 Multi – Agent 仿真模型以调整信息不对称值来观察逆向选择程度的变化，仿真模型验证信息不对称程度与逆向选择程度成正比，逆向选择程度随着信息不对称程度减小而下降。上述两个模型证实信息不对称导致逆向选择使帕累托最优的均衡不能实现。现代互联网技术的发展使信息传播模式的变革与颠覆，由此形成一个相对开放自由的网络资讯市场，在这个场域中，各种类型信息在此生产、流通、聚集与传播。如果该市场空间中真实、客观、理性与及时的信息生产与供给占主流，低质量信息的生存空间就会被最大限度地压缩，可从根本上遏制谣言产生与传播。

7.2.1 建立完善的信息供给制度

诚如法国学者巴斯卡尔·博尼法斯（Pascal Boniface）所言，"造假者之所以有市场，是因为他们顺应了民众思想，说出了民众准备听的话"。❶ 广大民众倾向于将听到的谣言与公开的官方信息作比对、推敲，由于管理者发布信息不及时、不透明，使得民众对官方信息源的信任度大打折扣，从而让谣言在快速滚动的传播链条中不断发酵。

完善的信息供给制度可从根本上挤压劣质谣言信息生产与传播的源头空间。信息透明是表达多元的舆论场中的"压舱石"，政府要及时快捷、实事求是、全面客观地发布权威信息，并通过细化、完善政府信息公开条例与相关法律法规来提高政府信息供给与传播效率与质量，从根本上挤压劣质的谣言信息存在的源头空间。因此，政府机关要加强信息公开制度建设，建立政民互动机制。而网络媒体则要创新传播方式，如将其私人信号有效传递给信息接收方，或网民采取措施可以获取网络媒体的私人信息，信息传播的帕累托改进就能实现，可有效降低网络资讯市场逆向选择的影响。建立完善的政府信息公开制度，可从制度上制约政府必须按照相关规定履行义务，向公众提供真实有效的信息资源，社会公众也可依据相关规定向政府提出信息请求，保障自身的知情权益，这样民众能够通过合法、公开、公平的渠道与平台

---

❶ 博尼法斯. 造假的知识分子 [M]. 河清，译. 北京：商务印书馆，2013：17.

获取了解有效信息资源并加以合理利用，可以最大限度盘活浪费闲置的信息资源，解决信息匮乏、信息闭塞等信息配置无效率现象，实现社会信息资源共享与优化配置，满足社会各界对信息资源的各种需求，从而将信息资源有效及时地转化为社会物质财富。

建立长效信息应急生产与供给机制。现代互联网技术的发展，每一个自媒体用户都是信息源，网络信息生产与传播模式发生颠覆性变革，加之当前转型时期错综复杂的社会矛盾，政府频繁陷入应对网络热点事件的疲劳战之中。面对数以亿计的互联网自媒体，政府应急信息的生产、供给与传播路径严重滞后，容易使得低质量信息占据注意力资源。因此，要建立长效的信息应急生产与供给机制，在网络热点事件发生前、发生时及平息后都能不懈怠地生产供给高质量信息，如在危机舆论尚未发生时，向受众普及基本科学常识、法律法规、应急救援基本知识等，在热点事件发生时公开事件真相，在热点事件平息后可发表总结反思等信息，以更多真实权威、客观理性、有理有据的高质量信息阻断谣言生产与传播的灾害链，从源头上遏制谣言的生产传播，减少信息逆向选择给政府公信力、社会稳定以及经济发展带来负面影响。

同时，要转变观念，树立信息公开意识。政府机关工作人员要转变观念，增强信息公开意识，树立信息公开为原则、不公开为例外的思想意识，积极推进政府信息公开体系的建立与完善。信息公开制度要紧密结合政治体制改革与社会转型的步伐，建立信息公开的常态化机制，从而扎实推进政务公开体系建设，才能切实保障人民的知情权、参与权、表达权、监督权，才能实现政府信息的有效公开和信息资源的最大化利用。民众只有在获取政府各种信息后，才能深入了解党和国家的工作与决策，提高参政议政积极性，从而逐步提高对国家的认同感。

7.2.2　打造政民互动平台

随着信息社会发展，公众对政府信息公开的透明度要求不断提高，以及参与公共决策的意愿日益增强，原有的政府门户网站、传统媒体、新闻发布会等单向信息发布模式的信息公开方式已经难以满足公众对信息的需求，构建政民互动平台，建立民意表达机制及各种利益的博弈机制，实现政府与民众双向互动，是提高政府公信力的客观要求。如果一个社会没有形成民众情绪的"出口"，民众的负面情绪与正当诉求得不到释放、安抚与回应，那么民众积聚的焦虑情绪与不稳定心态不利于网络资讯市场和谐有序与传播资源配置优化。因此，构建覆盖全国的信息网络，增加信息传播的渠道与途径，打造高效的政民互动平台，通过网络向民众公开信息，降低信息公开成本，扩大信息公开的范围，同时建立政府与民众能够平等沟通、互动回应、反馈快捷的信息平台，切实提高政府对各种突发事件的应急能力与回应能力。

第一，建立健全信息沟通平台，广泛收集民意、汇聚民智。随着互联网技术发展，网络已成为当下民众践行表达权、知情权以及监督权的重要途径，有利于推进政府科学决策。政府要进一步完善单位门户网站、公众号等服务平台建设，继续加大信息公开力度，开设办事指南、法规文件及一站式网上服务，开辟网上参政议政大厅，广开言路，聚集民智，凝聚民心。例如，在2007年年末，我国政府首次在多个政府网站与门户网站，通过问卷调查，电子信箱方式进行网络民意调查，广泛听取民意。信息收集是政府高效、及时、准确地进行决策的基础与关键，因此不断加强与完善信息的收集机制对于政府提高网络资讯市场的传播资源配置与决策优化有着至关重要的意义。

第二，借助新媒体架设政民互动桥梁，将信息工作深入到互联网新媒体用户群中去。在"人人都有麦克风"的自媒体时代，民众既是信息接受者，更是意见与诉求的表达者。自媒体言论既是网民个人的意见表达，同时也是各种社会群体共同意愿与利益诉求的表达，对于政府而言，丰富多元的资讯言论可使政府及时了解社情民意，引导民众价值倾向，疏导不良社会情绪，解决民众实际困难。在互联网上开设微博官方账号、微信官方公众号、抖音号等，不断与时俱进地开拓新的互动平台。

第三，及时回应民众诉求，答疑解惑。政民互动平台关键在于对民众的诉求要及时回应，民众的诉求本质上是对政府的期望，而积极回应民众诉求是对民众言论的重视与尊重，也表明政府各项制度、机制运行良好，有能力承担相应的职责，如此才能成为民众坚强的后盾，获得民众认可。高速发展的互联网信息经济时代对政府网络信息工作提出了较高要求，需要有高度的政治敏锐性和强烈的社会责任感，既要密切关注国家大政方针及各种民生问题，第一时间发布政府信息，同时要及时关注互联网舆论焦点、热点与新动向。

对于重大突发热点事件，应及时客观全面地对相关情况进行披露与发布，避免官方信息缺位，公众无处获取权威信息而导致不实舆论的传播或扩散而引起民心不稳、社会恐慌情绪。注重加强与民众间的沟通互动就要随时关注信息反馈，高度重视民众的声音，不可忽略民众的意愿与呼声，不可一意孤行按照自身的意图与方式采取隐瞒、遮掩、欺骗等行为。同时，对于政府而言，也有助于了解社情民意，进行科学决策，推动社会问题的解决，可疏导社会情绪，缓解社会矛盾，因此加强政务平台的互动能力是改善政府公信力的良好途径之一。此外，政府部门在互联网上要力争扮演意见领袖角色，借助政务微博、公众微信平台、门户网站等途径，弘扬社会主义精神文明，提升网络正能量。

7.2.3　以技术手段提高对低质量信息发现概率

本书第 3 章的 Multi – Agent 模型证明，对低质量信息提供方进行外界控制可以调节网络资讯市场的逆向选择状况，仿真模型在提升低质量信息发现概率参数后，观察到提升对网络低质量信息的发现概率则可以有效地逆转网络资讯市场逆向选择的状况。低质量信息提供方的低成本优势是导致网络资讯市场逆向选择的重要因素，在现实操作中，找出那些发布低质量信息的网络媒体是治理的基础，建立网络资讯市场监测体系，采取先进的技术手段增大对低质量信息传播的发现概率，及时发现低质量信息发布源，使得低质量信息的发布者无处遁形，从信息源着手进行有效治理。

当前，先进的互联网信息技术手段、大数据系统为互联网提供坚实的科学技术保障。建立完善的网络资讯市场数据分析系统，对互联网各平台信息进行全面、实时的研判与分析。例如，对主流门户网站、社交网站、贴吧、微博、微信、跟帖、搜索引擎等信息进行采集归类、动态评估以及智能化分析，及时发现潜藏的热点话题和重大突发事件信息，并精准发现、跟踪将会引发网络资讯市场逆向选择的低质量信息及撰写、策划低质量信息的作者与机构，为低质量信息提供发布平台的网络媒体，以及为低质量信息扩散推波助澜的媒体平台等。

第一，加大对监测、过滤软件的研究开发，建立网络"守门人"机制。实行常态化的网络信息收集、研判、预警机制，对可能导致逆向选择的网络低质量信息进行重点追踪、过滤与筛查，制定合理的审查和控制网络传媒运作机制。政府可以设立专门的互联网安全监管机构或者部门，研究开发更加智能化、准确度高的监测过滤软件，通过技术手段对互联网上的各类资讯信息进行筛选、甄别与过滤，及时发现、排查并剔除各种有害虚假信息。美国是互联网发源地，美国人早在20世纪90年代享受互联网带来高效便利的同时也深受网络谣言的困扰。早在2011年7月，美国国防部斥巨资研究开发"谣言机器人"软件，自动扫描网络信息，对不良信息进行重点排查，力求可以实时识别、监控网络谣言的源头和流向。

第二，对监测到的低质量信息，根据其类型进行动态归类并采取相应的控制手段。通过监测技术，观察分析找出那些极易引发或者可能引发网络资讯市场逆向选择的低质量信息，并根据其信息类型进行动态归类，对于不同性质的低质量信息要采取不同的控制手段。低质量信息可分为流言、谣言等。流言和谣言相同之处在于，是未经证实的、非官方的、非权威的、非正式的，且都会造成一定的负面作用，严重的还会危害社会秩序。谣言和流言两者的动机与目的是不一样的，流言是传播散布没有事实根据的传闻，谣言则为捏造的消息，谣言重在制造，而流言重在散布。谣言有故意捏造、恶意攻击、蛊惑人心的主观故意，谣言依靠散布、依靠不停地"流"动才具有杀伤力。在网络信息时代，谣言依托现代电子信息科学技术，尤其是互联网媒体为传播载体，其传播速度与社会危害性更加难以预料和控制。

谣言大致可以分为四类：第一类是捏造事实，编造虚假信息、图片博取眼球；第二类是夸大扭曲，混淆视听，将小事故酿成舆论大灾害；第三类是断章取义型，这种类型的网络谣言是最具有迷惑性的，通过把一些事实碎片进行有意识地拼接，或者说采用移花接木的手段，对事实进行重新包装，拼凑出一套看似合理的假象；第四类是故弄玄虚型，借科学外衣传播虚假信息。而流言是未经查证的信息，也可能为真，亦可能为假，流言的传播具有消极作用，但并非主观故意，事实上流言中可能包含了部分真实信息，这些虽是真实但未被官方证实的信息，既可以成为真相扑朔迷离的热门话题，也可以被大众当成茶余饭后津津乐道的话题谈资等。

因此，要有效区分流言还是谣言。对于真相难辨的热门话题，大众茶余饭后谈资等类型的流言，或者是危害程度较轻的谣言，抑或是公众因面对海量信息难以辨别真伪而无意成为谣言传播助推者等情况，网络管理部门要及时关注与跟踪该信息的实时动态与转发数量，一旦监测到转发数量与舆论热度超过警戒值，应该及时进行引导干预，以摆事实、讲道理，较为温和、理性的方式阐述真相，将该舆论的负面影响抵消掉。让·诺埃尔·卡普费雷（Jean - Noel Kapferer）在《谣言：世界最古老的传媒》中指出："所谓辟谣并非是消除一个既存的信息，而是增加又一个新的信息，原来的谣言依旧存在，人脑只能增加新的信息而不能消除旧的信息。"❶ 因此，治理网络谣言的目的并不在于消除它，而在于引入更理性的信息，引导公众更加客观、科学地看待问题。切不可滥用权力，以传统的"拖、堵、删、捂"方式来应对流言，否则，一旦触犯群众情感底线，流言很有可能转变成具有杀伤力误导性更强的谣言。在对待恶意制造传播的谣言，如网络公关机构、网络水军等在私人利益的驱使下生产传播谣言，要追究其相关法律责任，对此网络媒体作为信息平台因没有尽把关、核查等责任，也应根据情节轻重追究其相应责任，但归根究底最重要的还是要辟谣，澄清真相，谣言止于真相，有了真相，谣言自然不攻自破。对待破坏性较强的谣言则可采取相对严格的手段，直接删除或者利用技术手段将帖子往下沉，或者不在搜索引擎中出现。

总之，对于低质量信息的发现主要依赖较为发达的互联网信息预警监测体系，能否在每天的海量网络言论中敏锐地发现可能导致逆向选择的低质量信息，以及准确研判低质量信息与逆向选择可能出现的时间差，这个时间差越长，才有利于提供较为充裕的时间与精力来应对处置。

第三，在精确找到低质量信息后，要以技术手段找寻低质量

---

❶ 让·诺埃尔·卡普费雷. 谣言——世界最古老的传媒 ［M］. 郑若麟，译. 上海：上海人民出版社，2008：262 - 265.

信息的源头，即撰写者与策划机构。对于流言类型的低质量信息的撰写者与传播者，根据消极影响的不同，进行归档整理，给予提醒、警示、批评教育即可。对于恶意捏造传播谣言者，则根据法律法规的相关规定予以惩戒。

第四，摸清统计为低质量信息提供传播平台的机构，以及那些为低质量信息推波助澜摇旗呐喊的网络媒体，如一些自媒体发布大量不实消息混淆视听、扰乱社会秩序，并且借助重大突发舆论事件的高关注度，发布耸人听闻且具有迷惑性的虚假消息，并雇用网络水军引导负面舆论，从而迅速聚积起高人气与高关注度，伺机牟取巨额利益等恶劣行为。因此，管理部门要深刻认识这一类网络媒体与传播机构的潜在危害性，运用先进科学技术，加强对网络媒体的监测，及时发现找出为低质量信息提供发布平台，并为低质量信息推波助澜而谋取利益的网络媒体。

7.2.4 提升政府公信力

在第 5 章信号传递博弈的网络资讯市场的信号传递机制证明，高声誉与低口碑的信息生产者，两者同样释放强信号，高声誉的信息生产者付出的成本少，且收益高并能实现良性循环，低口碑信息生产者付出较高成本且需承受较大风险。在第 6 章 KM-RW 声誉模型证明，在处理网络资讯市场时，网民愿意配合具有良好声誉的责任型政府，使得双方皆受益，网民在对面非责任型政府时，更大概率采取反对、质疑的策略，使得双方利益受损。在第 5 章与第 6 章的论证中，对于政府、网络媒体而言，树立公信力与良好的社会形象是提高信息传播效率，有效抑制信息逆向选择的有效途径。

1. 政府公信力概念

现代汉语词典中将"公信力"定义为使公众信任的力量。指公民社会或公共权力空间中，以公共组织形态存在的具有"公共性"的抽象存在物，包括语言、观念、制度等方面，因其表现出的公平、正义、效率、责任的能力，并在长期社会实践中形成能赢得公众普遍认可与信任的一种权威性资源，既是一种社会系统信任，也是公共权威的真实表达，更是一种无形资源，一种软实力。从政治传播角度看，公信力指受众对传播者拥有权力的合法性、行政行为的有效性、专业权威性的认可程度，以及人格魅力的好感程度等因素的综合认知。当下学界对于公信力概念的阐释主要分五种认知角度，分别为信任论、能力论、资源论、表现论、责任论。信任论认为，公信力是一种信任资源，指公众对于公权力机构的主观认识和评价，公信力高低反映了政府机构信用水平的高低，任何机构若想要赢得公信力，首先必须要做到守信用。能力论者认为，公信力本质上是一种特殊能力，是政府公权力机构能够赢得社会公众信任的能力，不同机构公信力的差异，本质是其能力的差异。资源论认为，公信力是公权力机构拥有的一种无形的、具有号召力与影响力的资源。表现论认为，公信力是公权力机构履行契约水平强弱的表现。责任论认为，公信力是公权力机构履行社会契约的责任体现。

对政府公信力研究，龚培兴认为，国内普遍将 2003 年的

"非典事件"作为我国对政府公信力研究的开端。❶ 我国学者从研究的主体与客体来分，将政府作为研究主体，公众作为研究客体；亦有学者将公众作为研究主体，政府作为研究客体。从公众为主体的研究角度看，政府公信力是公众对于政府的信用与声誉的主观评价。张旭霞认为政府公信力是指政府信守对社会公众的承诺，履行其基本的职责与义务，在决策方式、运作机制、行政行为等方面得到社会公众的认可与信任。❷ 从政府主体角度方面理解，朱光磊认为政府公信力实际上是政府持有的一种执政能力和执政资源，❸ 是政府赢得社会民众信任与支持的一种能力，或者表述为政府拥有的某种权威性资源。唐铁汉认为政府公信力既是政府施政实践的客观结果，同时也是社会民众对政府能力的评价。他创立公式阐述其对政府公信力含义的理解，"政府公信力 = 政府行政能力 × 公众满意度"。❹ 邹东升也认为政府公信力既包括政府自身的行政能力，同时也是公众对政府整体形象以及行政行为的认识态度与理解支持。❺

从政府公信力的构成基础要素分析，学者吴威威认为政府存在的合法性和行政行为的合法性是政府公信力的来源，亦即政府

❶ 龚培兴. 政府公信力：理念、行为与效率的研究视角——以"非典型性肺炎"防治为例 [J]. 中共中央党校学报，2003（3）：34 - 38.

❷ 张旭霞. 试论政府公信力的提升途径 [J] 南京社会科学，2006（7）：50 - 55.

❸ 朱光磊，周望. 在转变政府职能过程中提高政府公信力 [J]. 中国人民大学学报，2011（3）：120 - 128.

❹ 唐铁汉. 提高政府公信力建设信用政府 [J]. 中国行政管理，2005（3）：8 - 10.

❺ 邹东升. 地方政府行政诚信检视：传统、失范与重构 [J]. 江西社会科学，2005（8）：135 - 137.

的形式合法性与政府的实质合法性。❶ 张旭霞认为这种政府公信力的程度高低依赖于政府所拥有的信用资源的多少，包括物质和意识形态层面。❷ 在意识形态方面，如社会民众对政府的政治合法性的信仰、公众对政治制度及公共行政过程的公平性以及合理性的认可程度；在物质层面上，如政府拥有的财政能力，政府及其行政人员的社会形象等。何显明认为政府获得社会公众的信任与依赖的基础是政府的信用能力。❸ 政府公信力产生的基础是政治合法性，其主要表现为政府影响力与号召力，影响政府公信力的直接因素则是政府各种行政行为。

本研究认为，政府公信力是一个由相互关联、相互制约的众多因素构成的复杂系统，是政府作为公共机构在长期的执政实践中，通过合理、有效地履行其职能和责任而取得公众信任的能力，从而形成的一种无形的权威性资源。政府公信力包含两层基本含义：一方面，是指政府的行政行为要秉承公平性、公正性、公开性的基本原则，要遵守践行对民众的各种承诺与约定，提升政府的感召力、凝聚力和影响力；另一方面，是社会公众对政府的认同、信任、支持。只有获得社会民众的认可和拥戴才能具备较强程度的号召力、动员力和控制社会所需要支付的政治成本。政府公信力是政府的执政能力与执政资源，是其存在的合法性基

---

❶ 吴威威. 良好的公信力：责任政府的必然追求 [J]. 兰州学刊，2003（6）：24 - 27.

❷ 张旭霞. 试论政府公信力的提升途径 [J]. 南京社会科学，2006（7）：50 - 55.

❸ 何显明. 地方政府公信力与政府运作成本相关性的制度分析 [J]. 国家行政学院学报，2002（1）：30 - 33.

础，公信力的建立是一个长期积累的过程，表明民众对政府的信任程度和认可程度，与信任的长期积累相对的情况是信任破裂，或许偶尔某个看似微不足道的负面舆论就可能给公信力带来破坏性、不可逆转的损害。

2. 提高政府公信力意义

第一，公信力是政府合法性的基础。合法性是民众对统治权力的承认，是政府能够得以长期存在的基本条件。尤尔根·哈贝马斯（Jürgen Habermas）说，合法性意味着某种政治秩序被认可以及事实上的被承认。政府能够得到民众的承认，是因为政府建立的规则或基础是被民众接受乃至认可、同意的。❶ 政府与民众是一种信任或者契约关系，信任是契约关系形成和巩固的根基。民众给予政府信任，也可以随时收回，当公民对政府失去信任时，契约便会遭到破坏，政府存在的合法性与价值意义将遭到质疑与拷问，政权也随即走向崩溃瓦解。因此，政府要不断提升公信力以巩固其执政合法性。

第二，提高行政效率降低管理成本。具有较强公信力的政府，意味其具有较强的社会资源调动能力，政府公信力愈强，民众对政府的支持率和认可度就愈高，民众愿意发自内心自觉配合、支持政府决策与施政行为。政府在管理社会公共事务过程中，无须使用强制手段或者投入较多人力物力，可以有效降低政府管理成本，提高行政效率，社会的凝聚力、向心力也将随之增

---

❶ 哈贝马斯．作为"意识形态"的技术与科学［M］．李黎，译．上海：学林出版社，1999：184．

强。当前，我国正处于经济转制、社会转型的特殊时期，体制转轨、结构转型、观念转变及利益改革等急剧变动，政府管理成本与社会运行成本势必会剧增。古罗马时代的历史学家塔西佗（Tacitus）说，当失去公信力时，好的政策与坏的政策都会同样得罪人民，无论说真话还是假话，做好事还是坏事，都会被认为是说假话、做坏事，因此管理者要竭力避免陷入"塔西佗陷阱"（Tacitus Trap）。

第三，构建社会信任共同体的核心力量。英国社会学家安东尼·吉登斯（Anthony Giddens）认为，信任是人类存在的灵魂不孤独，而信任危机则是人失去存在价值的灵魂孤独。信任依存于有着共同信仰、共同价值观念、共同历史文化及共同命运的社会群体之间。这种共同的经验使得社会群体聚合在一起，感知生命的意义，并产生归属感、安全感与信任感。如果一旦这种共同感出现裂缝或者崩坍，共同体会随之瓦解。❶ 在马克思看来，人的本质是人的真正的共同体。马克思对于社会共同体的研究阐述是他对于人类社会发展理论体系中不可或缺的组成部分，对马克思主义理论体系建构具有举足轻重的奠基意义。政府公信力是社会信用系统的核心，在构建社会信任共同体中起着决定性、导向性与引领性的作用，是社会公序良俗与信用系统构建的核心力量。政府公信力是一种社会号召力和影响力，公信力的强弱直接影响着民心向背与政府执政基础的稳固与否。政府的形象与声誉对整个社会价值体系的构建有着至关重要的指导意义与标杆意义。社

---

❶ 安东尼·吉登斯. 现代性的后果 [M]. 田禾，译. 南京：译林出版社，2000：15－18.

会信任共同体是政社关系和谐的纽带，有利于经济发展，社会和谐与稳定。

随着互联网的迅猛发展，网络已经成为民众获取信息最为重要的载体，互联网媒介不仅成为民众表达诉求的新工具，同时也成为民众生活不可或缺的重要部分，由此还逐渐形成一种新的社会形态与关系结构。根据中国互联网络信息中心（CNNIC）在京发布第 51 次《中国互联网络发展状况统计报告》，截至 2022 年 12 月，我国网民规模达 10.67 亿，互联网普及率达 75.6%。以电子信息科技催生的互联网媒体，最大限度地消除信息壁垒，打破社会群体间的壁垒，使信息流通超越时空限制、地域限制、阶级阶层限制等，在公共虚拟空间实现对话沟通，充分自由地表达诉求，探讨社会问题，消解传统媒介的舆论主导地位。随着信息社会化和社会媒介化的推进，传播的技术革命正在促成一种新的社会结构，传统社会建立在信息资源垄断基础上的社会治理模式发生了从"全景监狱"到"共景监狱"的根本性转变。随着社会发展进步，民众的民主意识与参政议政意愿不断增强，社会形态与经济体制不断变革，民众对服务型政府的呼声越来越强烈，传统集权式的管理模式已难以满足民众日益增长的需求，传统封闭的"家长式"思维模式和管理机制在现代舆论面前已经"失灵"，屡屡面临窘境。

总之，公信力是当下社会转型与现代化进程中的重要问题，公信力关系到政府存在的合法性与价值意义，也关系着政府行政效率与社会管理成本，政府公信力皆与社会有序健康发展、国家长治久安、民众安居乐业等方面息息相关。具有较高公信力的政府，可以提升社会民众参与政治生活、经济建设的积极性，可提高社会民众配合、支持政府解决社会矛盾的自觉性，助推和谐友好社会氛围的形成。

3. 树立政府公信力，建立信任共同体

政府公信力是政权稳固与社会稳定的重要标志，是推动社会文明进步与经济发展的重要保障。随着我国改革开放与社会转型不断深化，各种社会矛盾与社会问题日趋复杂化，社会思潮日趋多元化开放化，公众利益诉求日趋多样化，传统的社会管理方式在高度媒介化的社会中屡屡碰壁。政府公信力是建立与完善整个社会信用体系的核心、基础与必要前提，尤其在互联网媒体时代，政府尤其要重视网络发达而带来与形成的新问题、新压力、新形势，建立信任共同体成为当下政府急需解决的重要议题。

从第6章详细研究的 KMRW 声誉模型中，我们直观地看到，政府的公信力程度与网民的博弈选择有着密切联系，其公信力高低决定着政府对舆论的掌控程度与治理效率的高低。因此，要建设责任型政府。责任型政府是相伴着现代民主政治的蓬勃发展而产生出来的新的政府形态，建设责任型政府是提高政府公信力的重要保障。刘祖云认为，公共行政责任存在的逻辑前提是公民主权、社会契约以及道德责任。[1] 责任政府与责任行政是现代民主政治的一种基本理念，是现代文明发展的必然结果。现代责任政府是肩负时代、国家、民族责任感，肩负为人民服务的社会责任

---

[1] 刘祖云. 论公共行政责任存在的逻辑前提 [J]. 南京农业大学学报（社会科学版），2004（1）：47 – 50.

感以及敢于承担责任的政府。彭梅芬认为，责任政府应是一个能够积极履行社会职责与义务，勇于承担政治、经济、民生、法律责任，且具备行政权力监督和制约机制以及具备有效回应机制的政府。显然领导干部手中的任何权力都是人民授予的，人民是一切领导者的领导者，领导干部要向人民负责。政府官员手中握有特权、公共资源及诸多因素稍有不慎则会导致损害公共利益的行为或者是贪污腐败、玩忽职守等失范行为，政府行政官员也要为自己决策导致的后果承担一定的责任。本研究认为，责任型政府是一种新的、先进的，与日趋发达的民主社会相适应的民主执政理念，政府的社会治理行为皆对民众负责，信息向民众公开，自觉接受社会监督，认真听取批评与建议，当出现违法或者职权行使不当时，依法承担法律责任，具有较高的社会公信力。

在互联网信息时代，网络成为政府与社会公众互动、交流的最重要介质，责任型政府不仅体现在现实社会中，更要体现在虚拟的网络时空。

首先，要建立一个信息公开透明的发布窗口，尽最大可能为民众提供平等、合理、合法的表达空间，让社会各界不同利益者充分表达自身的诉求。政府这种民主、透明、公开的行政方式，可为民众营造及时、有效、公平、畅通的利益表达渠道，同时作为责任型政府必须主动接受民众批评建议与监督，这对于政府而言也是一种有效的舆论监督与磨练砥砺，也为责任型政府的构建营造良好、公开的民主监督机制提供前提条件。

其次，要建立畅通的回应机制。政府回应机制是责任政府的运行机制的重要组成部分。政府对于民众关心的话题、困惑及流言谣言，需要予以正面回应、解释，秉承着对民众高度负责的态度，合理合法行使权力为民众解决相关问题。责任型政府是以民为本、依法行政、公开透明的负责任服务型政府。政府在处理公共热点事件时，首先要秉承以民为本的宗旨。重大公共热点事件使社会矛盾以集中激烈的形式爆发，同时民众长期压抑的情绪也以集中激烈的形式释放，从本质上说，政府处理突发热点事件也就是在处理人民群众的利益诉求与内部矛盾，政府只有秉承以民为本的宗旨，站在民众的角度换位思考，作出能够切实解决民众问题与社会矛盾的科学决策，才能从根源上化解危机。政府要努力提升行政效率与服务品质，自觉为社会公众提供高质量的公共服务，最大化社会公众利益。

再次，要健全完善政府责任体系。健全完善政府责任体系对于建立责任型政府具有重要的实践意义。要以法律法规的形式明确政府需要承担的行政责任、政治责任、道德责任，从而建立一套对政府的控制与约束机制。政府公信力的提升关键在于依法行政，让权力受到法治约束，在法律框架内执法，因此政府在处理网络热点事件时必须要在宪法、法律、法规的条款规定范围内行使权力，科学规范地处理公共热点事件，切不可将领导的个人喜好、意志与偏好凌驾于人民利益之上，不可以牺牲民众权益为代价来获取政绩或暂时表面的稳定。

最后，秉承公开透明原则处置舆论热点问题。公开透明的国家政府才能加强公众的信任感，拉近与社会公众面对面交流的距离。政府在工作过程中要将"以公开为原则，不公开为特例"的理念贯穿在舆论处置过程的始终，应当果断、及时地回应公民的诉求，防止部分政府部门及其工作人员仅为了部门或个人的私利，人为设"密"，向公众隐瞒信息。政府无论在平时履职还是处置公共热点事件时，都应当履行职责，言而有信，政策稳定，以民为本，公正透明，成为责任型、服务型政府。

提高公职人员行政水平。政府公职人员是政府行政的主体，其能力强弱和素质高低将直接决定政府行政的方法、水平、质量和效率的高低优劣。同时，公职人员的素质和能力是一个动态发展的过程，随着时代的发展以及行政环境的变化，对政府行政人员将提出更高的要求。互联网自媒体的出现，使得以信息资源垄断优势的传统社会治理方式已经被消弭解构，取而代之的是平坦的"罗马角斗场"围观结构，是民众对官员的凝视和监督，社会管理者被置于民众的围观和议论之中，管理者失去信息资源的垄断优势，以信息不对称优势进行社会治理的模式已经失灵并遭受危机。相对应的是，诸多基层工作人员素质与能力尚未紧跟信息社会发展的步伐，在面对网络公共突发热点事件时依旧以"官本位"方式与"家长式"思维应对互联网自媒体民众，以致丑态百出、形象坍塌。

因此，提高公职人员的行政水平，树立良好的社会形象，对提高政府公信力有着非常重要的意义。在应对舆论时，首先，政府公职人员要以实事求是为准则，无论是在履行公职、行使公权力及处理社会事务过程中，要尊重客观事实，按照具体事物实际情况说话办事。其次，政府公职人员要秉承以公共利益为价值取向、诚实守信的原则处理社会矛盾。政府的公信力在一定程度上是以政府兑现对民众的承诺，肩负起维护人民利益的责任和使命为重要指标的，因此一个政府要想得到社会公众的信任和认可，就必须严于律己、诚实守信，杜绝以牺牲人民利益来换取私利的行为。最后，政府行政人员要增强"本领恐慌"意识，牢固树立终身学习理念，不断提升个人综合素质与为人民服务的能力。

7.2.5　网络谣言治理法律体系建设

本书第 3 章 Multi – Agent 模型证明，对低质量信息提供方进行外界控制可以调节网络资讯市场的逆向选择状况，仿真模型在提升低质量信息惩罚系数的参数后，观察到增大对网络环境中低质量信息提供方的惩罚力度，可以降低网络资讯市场逆向选择的程度。上文论述以技术手段提高低质量信息发现概率，找出那些发布低质量的网络媒体是加大对低质量信息提供方的惩罚力度的前提，本小节探讨对发布低质量信息的网络媒体的惩戒力度，以此加大传播低质量信息的生产与传播成本以及违法成本，亦要"刚柔并济"，切实保障民众表达自由。

网络给人类创造新的认知方式与生活模式，但其便捷、高效、低门槛的特性也为造谣传谣以及违法犯罪提供滋生土壤。低质量信息提供者有着高收益、低风险、低成本的优势，相反高质量信息提供者处于高生产成本、低收益的劣势。显然，在网络媒体、传播机构与个人，高质量信息与低质量信息的博弈中，低质量信息占绝对优势，信息提供者更倾向于生产低质量信息。要扭转这一局面，就需要建立遏制惩戒低质量信息的民事、行政与刑事制度，提高低质量信息生产与传播的成本。对于低质量信息传播者而言，其行为或基于利益，或基于自我满足，法律惩戒手段可以降低低质量信息生产与传播者的收益预期，并对其产生威慑感，低质量信息生产与传播者的预期收益降低，又得不到自我满足，成本与风险却显著提高，信息提供者就不再有较高的意愿去生产与传播低质量信息。当下根据谣言及各种低质量信息生产与传播者的主观故意与危害程度，区分轻重层次对其进行民事、行政与刑事等多个层面的惩戒措施。

1. 民事法律责任

在民事法律责任方面，《中华人民共和国民法典》（以下简称《民法典》）对于网络谣言等不良网络资讯侵权行为民事法律责任做出了系统科学的规定。从侵权客体形态来看，网络谣言民事侵权主要体现为侵害公民人格权，即民事主体专属享有的，以人格利益为客体，为维护民事主体独立人格所必备的固有民事权利，包括民事主体享有的生命权、身体权、健康权、姓名权、名称权、肖像权、名誉权、荣誉权、隐私权、婚姻自主权等权利。根据《民法典》的有关规定，网络谣言民事侵权行为应当区分不同情况承担以下各种民事责任形式：①停止侵害。即在正面临即将发生的损害的情况下，受害人有权请求行为人停止侵害行为。②消除危险、排除妨害。消除危险是指行为人的行为对他人的人身或财产安全造成威胁，或存在着侵害他人的人身或财产的可能时，受害人有权要求行为人采取有效措施消除已经形成的危险；排除妨害既可能是对已经构成的妨害进行排除，也可能是在发生了妨害行为以后，为防止妨害行为继续扩散而予以排除。③消除影响、恢复名誉、赔礼道歉。消除影响是指行为人因其行为侵害了自然人或法人、非法人组织的人格权，而应承担的在影响所及范围内采取必要措施消除不良后果；恢复名誉是指行为人因其行为侵害了自然人或法人的名誉，而应在影响所及范围内采取必要措施将受害人名誉恢复至未受侵害时的状态；赔礼道歉是指加害人向受害人公开认错、赔礼致歉。④精神损害赔偿，是指自然人在其人格权受到不法侵害并遭到严重精神痛苦时，受害人本人、本人死亡后其近亲属有权要求侵权人给予损害赔偿。⑤财产损害赔偿，即侵害人格权而产生财产损害以后，行为人负有赔偿财产损害的义务。上述各种侵权民事责任方式都是为保护民事主体的人格权而采取的措施，既可以单独适用，也可以合并适用。

同时，对于基于公共利益使用民事主体相关信息的行为，《民法典》也有特别规定，如第九百九十九条规定：为公共利益实施新闻报道、舆论监督等行为的，可以合理使用民事主体的姓名、名称、肖像、个人信息等；使用不合理侵害民事主体人格权的，应当依法承担民事责任。第一千零二十五条规定："行为人为公共利益实施新闻报道、舆论监督等行为，影响他人名誉的，不承担民事责任，但是有下列情形之一的除外：（一）捏造、歪曲事实；（二）对他人提供的严重失实内容未尽到合理核实义务；（三）使用侮辱性言辞等贬损他人名誉。"第一千零二十六条随之规定："认定行为人是否尽到前条第二项规定的合理核实义务，应当考虑下列因素：（一）内容来源的可信度；（二）对明显可能引发争议的内容是否进行了必要的调查；（三）内容的时限性；（四）内容与公序良俗的关联性；（五）受害人名誉受贬损的可能性；（六）核实能力和核实成本。"

2. 行政法律责任

网络谣言等不良资讯侵犯他人权益，同时构成行政违法行为但尚不够刑事处罚的，应当承担行政法律责任，由有权的行政执法机关根据其行政违法行为的情节、危害程度给予相应的行政处罚，包括：①警告、通报批评；②罚款、没收违法所得、没收非法财物；③暂扣许可证件、降低资质等级、吊销许可证件；④限制开展生产经营活动、责令停产停业、责令关闭、限制从业；⑤行政拘留；⑥法律、行政法规规定的其他行政处罚。比较典型的如《中华人民共和国治安管理处罚法》第二十五条规定："有下列行为之一的，处五日以上十日以下拘留，可以并处五百元以下罚款；情节较轻的，处五日以下拘留或者五百元以下罚款：（一）散布谣言，谎报险情、疫情、警情或者以其他方法故意扰乱公共秩序的；（二）投放虚假的爆炸性、毒害性、放射性、腐蚀性物质或者传染病病原体等危险物质扰乱公共秩序的；（三）扬言实施放火、爆炸、投放危险物质扰乱公共秩序的。"第四十二条规定："有下列行为之一的，处五日以下拘留或者五百元以下罚款；情节较重的，处五日以上十日以下拘留，可以并处五百元以下罚款：（一）写恐吓信或者以其他方法威胁他人人身安全的；（二）公然侮辱他人或者捏造事实诽谤他人的；（三）捏造事实诬告陷害他人，企图使他人受到刑事追究或者受到治安管理处罚的；（四）对证人及其近亲属进行威胁、侮辱、殴打或者打击报复的；（五）多次发送淫秽、侮辱、恐吓或者其他信息，干扰他人正常生活的；（六）偷窥、偷拍、窃听、散布他人隐私的。"

3. 刑事法律责任

网络谣言等不良资讯侵犯他人权益，情节严重构成犯罪的，应当依法承担刑事责任。承担刑事责任的方式，包括主刑和附加刑。主刑包括管制、拘役、有期徒刑、无期徒刑和死刑，主刑只能独立适用，不能附加适用；附加刑则包括罚金、剥夺政治权利、没收财产。按照侵犯法益的类型不同，网络谣言等不良资讯构成犯罪大体可以分为以下三类：①侵犯国家法益的犯罪，主要集中在危害国家安全类犯罪、危害公共安全类犯罪，常见罪名如煽动颠覆国家政权罪、煽动分裂国家罪、战时造谣扰乱军心罪、战时造谣惑众罪等。②侵犯社会法益的犯罪，主要集中在破坏社会主义市场经济秩序类犯罪和妨害社会管理秩序类犯罪，常见罪名有非法经营罪、编造并传播证券、期货交易虚假信息罪、损害商业信誉、商品名称罪、编造、故意传播虚假恐怖信息罪、煽动暴力抗拒法律实施罪、寻衅滋事罪、组织、利用会道门、邪教组织、利用迷信破坏法律实施罪、组织、利用会道门、邪教组织、利用迷信致人死亡罪等。③侵犯公民个人法益的犯罪，主要集中在侵犯公民人身权利、财产权利类犯罪中，常见罪名包括诽谤罪、寻衅滋事罪、敲诈勒索罪等。这里探讨四种常见多发罪名，包括侮辱罪，诽谤罪，编造、故意传播虚假信息罪，损害商业信誉、商品声誉罪。根据《中华人民共和国刑法》（以下简称《刑法》）第二百四十六条之规定，侮辱罪、诽谤罪，是指以暴力或者其他方法公然侮辱他人或者捏造事实诽谤他人，情节严重的，处三年以下有期徒刑、拘役、管制或者剥夺政治权利。关于诽谤罪构成要件中"诽谤"的认定，根据《最高人民法院、最高人民检察院关于办理利用信息网络实施诽谤等刑事案件适用法律若干问题的解释》第一条之规定，主要包括以下两种情形："（一）捏造损害他人名誉的事实，在信息网络上散布，或者组织、指使人员在信息网络上散布的；（二）将信息网络上涉及他人的原始信息内容篡改为损害他人名誉的事实，在信息网络上散布，或者组织、指使人员在信息网络上散布的；明知是捏造的损害他人名誉的事实，在信息网络上散布，情节恶劣的行为，以'捏造事实诽谤他人'论。"关于诽谤罪"情节严重"的认定，该解释第二条规定包括下述四种情形："（一）同一诽谤信息实际被点击、浏览次数达到五千次以上，或者被转发次数达到五百次以上的；（二）造成被害人或者其近亲属精神失常、自残、自杀等严重后果的；（三）二年内曾因诽谤受过行政处罚，又诽谤他人的；（四）其他情节严重的情形。"从程序意义上来讲，侮辱罪和诽谤罪都属于刑法意义上的亲告罪，即只有被害人提出告诉的才由公安机关、人民检察院、人民法院依法处理，但是严重危害社会秩序和国家利益的除外。根据《刑法》第二百九十一条之一规定，编造、故意传播虚假信息罪，是指编造虚假的险情、疫情、灾情、警情，在信息网络或者其他媒体上传播，或者明知是上述虚假信息，故意在信息网络或者其他媒体上传播，严重扰乱社会秩序的行为，处三年以下有期徒刑、拘役或者管制；造成严重后果的，处三年以上七年以下有期徒刑。同时，根据《最高人民法院、最高人民检察院关于办理利用信息网络实施诽谤等刑事案件适用法律若干问题的解释》第五条之规定，编造虚假信息，或者明知是编造的虚假信息，在信息网络上散布，或者组织、指使人员在信息网络上散布，起哄闹事，造成公共秩序严重混乱的，符合寻衅滋事罪犯罪构成要件的，以寻衅滋事罪定罪处罚。根据《刑法》第二百二十一条之规定，损害商业信誉、商品声誉罪，是指捏造并散布虚伪事实，损害他人的商业信誉、商品声誉，给他人造成重大损失或者有其他严重情节的，判处二年以下有期徒刑或者拘役，并处或者单处罚金。关于损害商业信誉、商品声誉罪的具体入罪情形，根据《最高人民检察院、公安部关于公安机关管辖的刑事案件立案追诉标准的规定（二）》第六十六条之规定，涉嫌下列情形之一的，应予立案追诉："（一）给他人造成直接经济损失数额在五十万元以上的；（二）虽未达到上述数额标准，但造成公司、企业等单位停业、停产六个月以上，或者破产的；（三）其他给他人造成重大损失或者有其他严重情节的情形。"

整体上看，《民法典》《中华人民共和国行政处罚法》《中华人民共和国治安管理处罚法》和《刑法》等法律分别对制造、传播网络谣言的行为配置了民事、行政和刑事法律责任，已形成了具有中国特色、符合法治规律、科学系统精准的网络虚假信息与谣言治理法律制度体系，但仍存在不少亟须与时俱进地调整完善的空间，如部分法律法规可操作性不强，立法与司法、执法相脱节，法律实施效果不佳；处罚力度不够，法律威慑力有限；相关责任类型、责任内容不明确；权利救济制度不完备，受侵害的权利人维权困难等。因此，有必要根据互联网、大数据、云计算、人工智能等现代数字信息技术发展进步的新情况、新形势和新需求，积极学习借鉴国外先进的立法经验，进一步完善优化中国特色的网络谣言治理法律体系，加强对网络空间信息的管理与规制，推动建设清朗网络空间。

加强网络管理，依法治理网络谣言，打击网络犯罪是互联网时代全球关注的重要问题。德国于 1997 年出台《信息与通信服务法》，是世界第一个颁布网络成文法的国家。按照德国的法律规定，所有现实社会中通行的法律规定同样适用于虚拟互联网空间。德国在互联网管理实践中，不断完善监管体系，形成了涵盖十余类法律内容的网络法律管理体系，这对互联网谣言犯罪行为形成一定程度的威慑力。印度政府依照《信息技术法》规定，任何人以制造仇恨、侮辱诽谤、威胁恐吓以及攻击破坏社会为目的，明知信息虚假、失真的情况下，通过互联网以及其他形式传播散布谣言，最高判处三年有期徒刑，并处以一定数额的罚金。在美国，美国国会及各州的政府部门出台《电脑犯罪法》《联邦禁止利用电脑犯罪法》《儿童互联网保护法》等一百三十余项法律法规，使打击惩罚互联网谣言犯罪有法可依。日本对于互联网犯罪问题的规制，不仅将刑法与民法作为依据，还制定出台《个人信息保护法》《电子契约法》《反垃圾邮件法》等专门法规来处置互联网信息犯罪行为。泰国在 2007 年制定的《电脑犯罪法》的第十四条、第十五条款规定，在互联网平台上传播、散布虚假信息，将被处以最高五年监禁或者最高十万泰铢的罚款，情节严重者二者并罚。

近年来，我国网络领域重要立法密集出台，网络法治体系进一步充实完善，依法治理网络谣言、规范网络言论环境，将网络空间纳入法律法规的管辖范围等成为法治社会对网络空间的迫切要求。2016 年,《中华人民共和国网络安全法》(以下简称《网络安全法》)正式出台。2021 年,《中华人民共和国数据安全法》(以下简称《数据安全法》)《中华人民共和国个人信息保护法》(以下简称《个人信息保护法》)《关键信息基础设施安全保护条例》等相继出台实施,网络安全领域配套规则逐步明确清晰。

《网络安全法》是我国第一部全面规范网络空间安全管理方面问题的基础性法律,是我国网络空间法治建设的重要里程碑,是依法治网、化解网络风险的法律重器,是让互联网在法治轨道上健康运行的重要保障。该法是为保障网络安全,维护网络空间主权和国家安全、社会公共利益,保护公民、法人和其他组织的合法权益,促进经济社会信息化健康发展而制定的法规。《网络安全法》将原来散见于各种法规、规章中的规定上升到法律层面,对网络运营者等主体的法律义务和责任做相应规定,包括守法义务,遵守社会公德、商业道德义务,诚实信用义务,网络安全保护义务,接受监督义务,承担社会责任等,并在"网络运行安全""网络信息安全""监测预警与应急处置"等章节中进一步明确、细化。《网络安全法》的出台将成为新的起点和转折点,使公民个人信息保护进入正轨,网络暴力、网络谣言、网络欺诈等"毒瘤"生存的空间将被大大挤压。在法律责任中则提高了违法行为的处罚标准,加大了处罚力度,有利于保障《网络安全法》的有效实施。将监测预警与应急处置措施制度化、法治化,明确国家建立网络安全监测预警和信息通报制度,建立网络安全风险评估和应急工作机制。国家有关部门陆续出台配套法规、规章和规范性文件,逐步形成了系统的中华人民共和国网络安全法律体系，主要覆盖网络运行安全、个人信息保护和网络内容管理三个方面。国家在关键信息基础设施保护方面，出台《关键信息基础设施安全保护条例》；在网络安全审查方面，出台《网络安全审查办法》，并根据情况变化进行修订；在网络漏洞管理方面，出台《网络产品安全漏洞管理规定》；在个人信息安全方面，《网络安全法》对个人信息安全作出原则性、概括性规定，以《网络安全法》为依据，工业和信息化部拟加快出台《移动互联网应用程序个人信息保护管理暂行规定》，国家出台《儿童个人信息网络保护规定》《常见类型移动互联网应用程序必要个人信息范围规定》等配套规定。《网络安全法》及其配套规定，为个人信息保护工作提供了依据和保障；在网络内容管理方面，为网络内容管理提供了充实的上位法依据。国家网信办以其为基础，基本形成了"2＋N"的网信法律体系。"2"是指两部部门规章，国家网信办修订出台《互联网新闻信息服务管理规定》，规范了互联网新闻信息服务活动；制定《网络信息内容生态治理规定》，从治理的高度对网络信息内容管理提出新要求。"N"是指一系列规范性文件，覆盖了音视频、网络直播、公众账号、移动应用程序、即时通信工具、跟帖评论、微博客等领域，为全面依法治网提供有力的法治基础。

随着技术发展和普及，《网络安全法》时代的形势和客观条件都发生了变化。随着信息化与经济社会持续深度融合，网络已成为生产生活的新空间、经济发展的新引擎、交流合作的新纽带。根据中国互联网信息中心发布的第 51 次《中国互联网络发展状况统计报告》，截至 2022 年 12 月，我国网民规模已达 10.

67 亿，网站数量 87 万个，应用程序数量超过 300 万个，个人信息的收集、使用更为广泛。虽然近年来我国个人信息保护力度不断加大，但在现实生活中，一些企业、机构甚至个人，从商业利益出发，随意收集、违法获取、过度使用、非法买卖个人信息，利用个人信息侵扰人民群众生活安宁、危害人民群众生命健康和财产安全等问题仍十分突出。

在信息化时代，个人信息保护已成为广大人民群众最关心、最直接、最现实的利益问题之一。近年，《中华人民共和国数据安全法》和《中华人民共和国个人信息保护法》相继出台实施。《数据安全法》2021 年 6 月正式出台，数据治理制度实现从无到有的"突破"，成为我国数据安全领域基础性法律。《数据安全法》对数据分类分级、重要（核心）数据管理、数据安全审查等作出了明确规定。2021 年 8 月《个人信息保护法》出台。该法规定，敏感个人信息是一旦泄露或者非法使用，容易导致自然人的人格尊严受到侵害或者人身、财产安全受到危害的个人信息，包括生物识别、宗教信仰、特定身份、医疗健康、金融账户、行踪轨迹等信息，以及不满十四周岁未成年人的个人信息。在公共场所安装图像采集、个人身份识别设备，应当为维护公共安全所必需，遵守国家有关规定，并设置显著的提示标识。所收集的个人图像、身份识别信息只能用于维护公共安全的目的，不得用于其他目的。随着算法对经济和社会的影响逐步扩大，滋生了"大数据杀熟""信息茧房"等损害公众利益，破坏正当竞争，扰乱社会秩序的行为。《个人信息保护法》规定，个人信息处理者利用个人信息进行自动化决策，应当保证决策的透明度和结果公平、公正，不得对个人在交易价格等交易条件上实行不合理的差别待遇。通过自动化决策方式向个人进行信息推送、商业营销，应当同时提供不针对其个人特征的选项，或者向个人提供便捷的拒绝方式。通过自动化决策方式作出对个人权益有重大影响的决定，个人有权要求个人信息处理者予以说明，并有权拒绝个人信息处理者仅通过自动化决策的方式作出决定。有关部门在高位阶立法对算法概括性要求的基础上，进一步深入推进，从内容安全、社会管理、市场秩序等多维度价值导向层面对算法推荐进行规范。

2021 年 8 月，国家互联网信息办公室发布《互联网信息服务算法推荐管理规定（征求意见稿）》，对算法推荐技术作出专门管理规定。该规定以互联网信息服务为基础，从算法的公平公正及信息内容角度对算法推荐服务提出了各项具体细化的要求，明确了"算法推荐技术"的范围、算法推荐服务的监管原则与规则以及具体的分级分类、备案、安全评估等监管手段。2021年 9 月，国家互联网信息办公室、中宣部、教育部、科技部等九部委印发《关于加强互联网信息服务算法综合治理的指导意见》，提出要利用三年左右时间，逐步建立治理机制健全、监管体系完善、算法生态规范的算法安全综合治理格局。

从博弈思维来说，对于数量庞大、种类繁多的谣言进行处罚规制，并不符合博弈论中的成本与收益原则，同时还可能引发"寒蝉效应"，如何寻求谣言治理与言论自由之间的平衡，是一个值得深思的重要问题。网络谣言的类型、传播逻辑、危害程度各不相同，可将其分为普通网络谣言和焦点网络谣言。绝大多数的普通网络谣言，以娱乐八卦、科学常识、生活技能类等谣言为主，网民基于快速消费心态进行浏览，无传统媒体、网络媒体关注，传播过程简单，生长周期短暂并迅速沉寂消亡，影响范围有限，社会危害性小。对于此类谣言，既符合法律又合乎博弈思维方式的手段是通过言论市场进行自我调节，自我规制，以互联网行业自律、用户素养提升、技术制约等方式让谣言自然淘汰与消失。例如，美国联邦通信委员会（FCC）作为网络管制的责任机构，曾于1997年出台《网络与电讯传播政策》，提出"政府应避免对网络传播行为进行不必要的管制；政府鼓励网络行业的自律"。对于部分传播范围广、具有社会危害性的焦点网络谣言，任其发酵将产生蝴蝶效应，引发此生舆情危机的言论，宜由政府介入，可采取基于信息传播的规制措施，如辟谣与删除等；或采取基于传播载体的规制措施，如账户禁言、注销账户、暂时关闭传播平台等；或基于传播者的规制措施，如行政处罚、追究刑事责任等。因此，要根据谣言的类型与危害程度，形成层次性的梯度规制体系，采用信息公开、删除谣言、民事赔偿、行政处罚、追究刑事责任等强度不等的规制措施，在政府规制与言论自由之间形成适当的平衡，既保障民众的言论自由，又可抑制谣言传播与逆向选择现象。

7.3　网络媒体：责任与利益

7.3.1　塑造网络媒介公信力

在第6章中，本研究论证媒介公信力强弱会影响民众博弈策略的选择。在传统媒体时代，以报纸、电视为代表的传统媒体具有较强的社会公信力，在重大突发事件面前，可通过设置议程、引导舆论的方式，化解舆论危机。但随着信息社会的到来，传媒格局深度变化，市场化程度不断加深，以单向灌输为特征的传统媒介公信力正在被互联网文化所解构与消弭，在重大突发事件面前，不少网络媒体为追求点击率与轰动效应，大肆传播未经证实的流言与小道消息，致使网络资讯市场出现逆向选择，传统媒体发布的权威消息被淹没在流言谣言的浪潮中，恶化舆论态势，同时也使网络媒体本就微薄的公信力降到冰点，而公信力的缺失正是制约网络媒体长远发展的重要掣肘。

7.3.2　网络媒体公信力概念

在传播学上，媒体公信力是指受众对信息传播者可信任程度与信誉形象的认知与评价，也是公众对媒介一种信任与信心。可信度与信誉形象是一种主观判断，而非客观存在，会因各种因素、环境的改变而改变。公信力是媒体最为可贵的内在品质，是媒体的核心竞争力甚至是生命力，是媒介获得民众认可，实现社会效益与经济效益的基础与前提。黄晓芳将媒介公信力阐述为媒介在长期运营发展过程中积累而成的且被广大受众认可的美誉度、信赖度、权威性以及自身魅力等。❶ 郑保卫、唐远清认为媒介公信力是指新闻传播媒介获得受众认可、信任的能力，意味着新闻媒体以新闻报道为主体的信息产品、信息服务得到受众的认

---

❶　黄晓芳. 公信力与媒介的权威性 [J]. 电视研究, 1999 (11): 22 – 24.

可、信赖乃至赞美的程度。❶ 何国平则将大众传播媒介公信力定义为担负着社会责任的信息传播者，通过大众传播媒介向受众提供及时、真实、客观、全面的信息，并获得社会广泛认可。❷

本研究认为，媒体公信力是指媒介在长期实践活动中，社会公众对该媒介的内在品质与外在形象的认可、信赖的程度，受众的信任、信赖是媒介公信力的核心。媒介公信力是衡量媒体信誉度、认可度与社会影响力的重要标尺。从一定程度上说，公信力就是传播媒介的生命，新闻媒介若失去公信力也就意味着失去存在的基础与价值。在舆论引导中，媒介公信力的高低，直接决定了该媒介引导、影响舆论能力的大小，具有较强舆论引导能力的媒介意味着拥有较高的关注度与号召力，可赢得受众、市场的青睐，从而实现经济效益与社会效益兼收。

网络媒介公信力是网络媒介在虚拟网络社区以及现实社会中具有的美誉度、认可度与影响力，赢得特定目标群体普遍信任的特质和能力，是在长期实践与发展中积淀而形成的一种无形资产，是新闻媒体赖以生存的基础。网络媒体的公信力是网络媒体发挥社会功能的前提。在互联网上，由不同信誉级别的传播者发布一则内容相同的信息，受众对该信息的接受与认可程度相差较大。人们对于信息价值的判断，首先会根据传播者的资质与公信力情况对信息的价值与可信度作一个先验判断，当一个说假话成性，已经陷入"塔西佗陷阱"的网络媒体，不管其传播什么样

---

❶ 郑保卫. 试论新闻传媒的公信力［J］. 新闻爱好者，2004（3）：9-11.
❷ 何国平. 论媒介公信力的生成与维系［J］. 新闻与传播研究，2004（2）：79-82.

的消息，即便是指导性很强的信息，民众也会质疑或者无动于衷，起不到引导受众与舆论之效果。正如卡尔·霍夫兰（Carl Hovland）研究的可信性效果概念阐述，多数情况下，传播信源的可信度越高，其说服效果越大；可信度越低，其游说效果越弱。❶ 对传播者来说，树立良好形象争取受众的信任是进行传播效果的前提条件。因此，网络媒介只有树立良好的社会形象，提高公信力，获得受众的认可与信赖，是提高传播效果的基本前提，只有争取到受众的信赖，网络媒介宣传的信息与价值观点润物细无声地影响着受众，媒介才能充分实现媒介传播信息、引导舆论、教化社会等多方面的社会效益与经济效益。

7.3.3 网媒逆向选择原因

在互联网信息时代，微博、微信、论坛、门户网站等新兴网络媒体的崛起赋予民众自由、便捷的信息发布与信息删除权利，在监管缺失与把关乏力的情况下，未经证实的流言与小道消息泛滥成灾，网络媒体公信力的普遍缺失，使得受众无从分辨良莠信息，流言与小道消息数量与声势远超权威信息，致使网络资讯市场出现严重的逆向选择，同时也损害自身的声誉与公信力。失去公信力的网络媒体经常被舆论推向风口浪尖，时常陷入社会舆论谴责、拷问的窘境，使得原本微薄的公信力每况愈下。网络新媒体在发展中之所以出现各种不良现象，首先与网络本身所具有的特性——即时性、匿名性、低门槛性、交互性等密切相关，网络

---

❶ 卡尔·霍夫兰，欧文·贾尼斯：传播与劝服 [M]. 张建中，译. 北京：中国人民大学出版社，2015：19 – 23.

极大丰富了知识，释放了话语权，同时也导致信息传播出现较大程度的随意性；其次，网络传播具有易复制、低成本的特点，加之现阶段网民的自我权利保护意识淡薄与缺少网络传播审查机制，当网民权益受到侵害时，维权者会面临取证难度大，举证繁琐，维权诉讼过程漫长，耗费极高的时间、精力和财力成本等困境，维权者只能选择放弃与沉默，这就导致侵权行为频发。当下，网络媒体的以下三种行为越来越成为导致舆论逆向选择的重要原因。

第一，权力寻租。媒体的权利主要包含媒介职业权力和媒介职业利益。媒介职业权力包括采访权、编辑权、报道权等。媒介职业利益是指媒介从业人员履行正当新闻采访报道工作后应该获得相应报酬。合理恰当地行使职业权力，合法地获得正当收益，是媒体运行良好、富有生命力的表现。卫之认为，当新闻从业人员超越法律法规边界，不适当地将手中的职权膨胀、异化为牟利的器具，获取非正当收益，则是媒体运行不畅、畸形变态的表征。❶

随着网络信息时代到来，新兴媒体蓬勃发展，新技术改变了原来的单向传播、受众被动接受的方式，受众不再是信息接收终端，而是信息的传播者与信息接收者。因此，一些网络新闻机构、企业团体以及个人都能成为信息发布者、接收者与删除者，在网络监管空缺的特殊时期，相关利益者利用自媒体传播权或者凭借意见领袖角色，有目的地策划组织传播谣言和虚假信息，人

❶ 卫之. 简论媒体的责、权、利与规范［J］. 国际新闻界，2006（10）：10-14.

为推动制造舆论逆向选择，再通过有偿删帖、新闻敲诈、有偿新闻、有偿不闻等权力寻租的方式谋取私利。显然，新兴互联网赋予民众的信息发布与删除的权利，已经被部分人异化为特殊权力来获取非正当利益，沦为个人或者小团体牟取利益的私器。当前，这种现象已经从个别媒介从业人员隐蔽行为，演化为各网络媒体或部门单位明目张胆的集体行为，甚至演变成一种公开的经营模式，衍生出一条条畸形的产业链，这便是信息时代网络媒体的权力寻租现象。纵观在诸多波及范围广、持续时间长、影响力大的网络热点事件中，权力寻租无疑成为逆向选择的重要推手，从而使得舆论事件一波未平一波又起。

当下，资本介入改变舆论传播格局，一方面，为互联网舆论场域提供海量信息资源，丰富舆论话题多样性，催生多元社会思想，提升社会整体的凝聚力和聚合力，弥合不同阶层、不同背景的民众之间的认知罅隙，增强社会成员的社会认知能力和文化认同感等；另一方面，资本催生巨大商业利益，受资本介入和影响，传媒领域存在追求商业利益和履行社会责任的悖论，使得责任与利益错位。传媒机构将追逐商业利益和为资本服务作为重要目标，而将其担负的社会职能搁置忽略，试图通过制造热点话题引导舆论走向，使得在某些热点议题上舆论向极端化发展。

第二，集体抗议。网络资讯市场出现逆向选择的根本原因是信息不对称，当人们对信息的需求远远超过制度性渠道供应的时候，谣言、流言和小道消息等非官方信息就会大量涌现繁殖，成为日常网络信息传播的内容之一。当发生的事件威胁到民众的正常生活或超出其原有的认知水平时，流言与谣言也会不胫而走。

涩谷保认为，为了给行动提供明智指引，人们寻求各种新闻信息，而谣言基本上是另一种形式的新闻。[1] 他的观点成为开启一扇理解谣言的新窗口。法国学者卡普费雷（Jean－Noel Kapferer）认为，大众传播媒介传播中出现真相与谣言并存，其首要原因是谣言可以作为另一种补充的传播信息，传递的是另一种事实。[2] 官方消息常以一种自上而下的传达方式传播信息，从政府机构里的知情人到大众传媒，再到社会公众，于是公众获知信息是官方与主流媒介期望对其灌输的信息，而不是受众主动希望获取的信息。而谣言是小道消息，是个人想要知道、想听的，类似于个人情绪感受的诉求表达，夹杂了受众对外在社会发展运转的主观臆测、个人希望或者对周围生存环境的忧虑困扰等敏感复杂情感。本研究认为，谣言向来不仅是一种信息，从传播学角度研究远远不够，需要从心理学角度加以分析研究。谣言在较大程度上可用来满足人们焦虑心理和情感需求。这意味着，政府越是以掩盖和操纵信息方式治理舆论，那么谣言产生的社会基础将会越庞大，谣言释放的力量也就越大，这种不受控制的效应宣告此种管控机制是徒劳无功的，只会使得政府和民众之间横亘的信息鸿沟越来越大。因此，民众借助网络媒体的力量，在不确定信息真伪与明知信息可能为假的情况下，仍积极主动大量转载传播流言与谣言，促使网络逆向选择的出现，除却权力寻租的因素，很大程度

---

[1] SHIBUTANI T. Improvised news: A Sociological study of rumor [M]. Indianapolis: Bobbs Merrill. 1966: 17.

[2] 让·诺埃尔·卡普费雷. 谣言: 世界最古老的传媒 [J]. 郑若麟, 译. 上海: 上海人民出版社, 2008: 274－275.

上是一种集体的社会抗议，在制度性渠道受阻的情况下，通过大肆传播流言与小道消息的方式，形成舆论影响力，迫使政府开口说话，公开相关消息。

综上所述，不难理解，网络逆向选择的发生在一定程度上是社会希望政府公开信息，满足民众对信息的需求；但不可否认，这种倒逼真相的方式损害了政府与媒介的公信力。

第三，低俗之风。当前的网络媒体的低俗之风成为舆论逆向选择的又一重要原因。低俗之风阻碍着社会改革发展进程中主流文化的生命力，削弱积极健康、高尚高雅文化的发展力，干扰优秀传统文化生生不息的传承力，低俗之风让受众沉湎于感官刺激的享乐主义，丧失对崇高文化与理想的精神追求，社会上充斥着道德迷失、价值缺失、人文关怀淡漠的不良现象。网络媒体的低俗之风主要表现在媚俗拜金、恶意炒作、娱乐煽情、色情暗示、山寨抄袭等方面，如一些网络媒体大肆炒作拜金、炫富、不劳而获等扭曲畸形价值观或者用性暗示、丑闻等极具争议的话题或人物来迎合受众，提高点击率。某些低俗信息可在短时间迅速吸引眼球，制造轰动效应，并得到病毒式传播，给传播者带来经济效益与心理满足感，但这些文化垃圾、精神鸦片误导与降低整个社会的价值追求与认知水平，在歪曲的低俗之风下浸淫的网民，在面对突发公共事件时缺失理性思考、明辨是非的能力，从而集体成为网络资讯市场逆向选择的推手。

7.3.4　加强网络媒体社会责任感

网络媒体要履行好基本职责，主要包括以下三点。

（1）要做到第一时间发布真实信息

真实信息不能及时公开透明是谣言盛行的根本原因。真实信息的诚意、透明度及迅速发布是避免谣言滋生的重要途径，信息封锁不仅不会遏制社会恐慌，而且可能导致民众情绪或意见进一步极化。当前，传媒格局深刻变化，传播方式深度变革，价值观念多元化。网络媒体的发展势头远超于传统媒体，网络媒体应成为正确健康舆论引导的主阵地，积极引导舆论，掌握主流价值观宣传的领导权和主动权，提高引导社会舆论能力，为国家和社会健康有序发展传递"正能量"。

（2）传播先进文化，提供高品质精神产品

先进文化是民族灵魂，更是社会进步的催化剂。传播先进文化是网络媒体的重要使命，是网络媒体履行好社会责任的落脚点，也是实现经济效益和社会效益的最佳结合点与最终体现。媒体是先进文化传播与传承的重要载体，网络媒体要树立品质意识，不断为受众生产创造高品质、原创性的文化食粮和媒介产品服务，传播健康、高尚、有益的优秀文化，为社会奉献高水平、多层次的文化精品。

（3）加强舆论监督，捍卫公序良俗

舆论作为社会公众的共同意见和态度，代表社会大众的诉求、意见与信念，舆论监督的主要功能是对公共权力机构、行政人员进行舆论监督，有效地制约公权力行为，使之服从、服务于公众共同利益。舆论对公权力的制约作用主要表现在两方面。一方面，对国家政权、政府公职人员行为进行有效监督，如对政府的决策行为、执行过程与结果等环节的监督，也可对公职人员的言行进行监督等。主流媒体不能单纯正面宣传和歌功颂德，更需要通过监督、批评建立自身的公信力，而公信力恰恰是引导力的前提；另一方面，可以鼓舞或约束公众行为，如鼓舞公众合乎社会公德与职业道德的良好行为，约束、制止损害公德和违背职业道德的行为等。当前，网络媒体社会责任缺失已经成为严重的社会问题，成为推动制造舆论逆向选择的重要动因之一，损害社会主流价值观，侵害民众利益，已经到了必须正视并加以综合整治的时候。

以微信、微博、论坛为代表的网络媒体法治观念薄弱，人肉搜索、造谣诽谤、侵犯隐私等违法行为时常发生。在信息时代，网络媒体已成为影响力最大的媒介，必须牢固树立法治意识，懂法、知法、守法是每个网络媒介工作人员与自媒体用户最基本的素质，在当下网络出现的超越法律边界，出现感情超过理性，法治被人治取代的倾向，甚至滋生权力寻租等腐败等行为，很大程度上还是因为网络媒体人员与自媒体用户缺乏清晰牢固的法治观念。法治是与人治相对立的治理理念，其根本特征在于法治约束限制政府权力，能保障社会大众不受公权力压迫，只受合法的法律管制。我国法治理念就是群众在国家的领导下，按照宪法和法律法规而非个人意志，管理国家社会事务以及经济文化事业等，要做到法律面前人人平等；树立和维护法律权威；严格依法办事，有法必依、有法必依、违法必究。

当下网络媒体的法治环境远远落后于"法治中国"的建设进程，网络媒体似乎仍是法外之地，缺少有效的法律监管，乱象丛生。网络媒体要坚持法治理念，牢固树立法治意识，向大众传播现代法治文明理念，自觉推进法治社会建设进程。一要提高从业人员的法律素养。网络新闻媒体要强化法律法规的培训学习，定期对从业人员进行法律法规考核，提升从业人员的法律意识，培养法律至上观念。当前网络媒体只重视工作人员的业务能力，注重上岗专业培训，缺少法治教育，网络媒介从业人员常因法律知识缺乏，法治意识淡薄而常犯错误，如对事件进行舆论审判，干扰司法公正，如人肉搜索侵犯公民隐私权等行为频繁发生。网络媒体要建立健全的法律机制，对媒体内部工作人员的违法乱纪行为"零容忍"，严惩不贷。二要推动法治建设进程。网络媒体要积极承担推动法治建设的社会责任，担当社会守望者角色。在面临重大突发事件时，向公众传播现代法治文明理念，对事件进行正面正确的引导；在缓解舆论危机的同时，更要督促行政部门信息实现信息公开透明化；司法部门的执法行为实现规范化，立法部门要不断完善法律法规体系，推动我国司法体制改革与政治文明建设。

7.3.5 做好把关人角色，坚持全面质量管理

网络媒体要做好信息把关人角色，过滤低质量信息，对于网络媒体的信息要坚持全面质量管理。所谓全面质量管理是以产品质量为核心，建立一套科学、完整、全面、高效的质量管理体系，给用户提供高品质的服务与产品，并通过用户口碑、社会效应与组织内成员收益等方面的互利共赢，从而实现长期良性循环的管理方式。全面质量管理体系最重要的特点体现在"全"字，是一种全过程的、全面的质量管理。网络媒体要学习借鉴企业与

传统媒体的管理经验，引入全面质量管理体系，改革和完善媒介管理运行机制，建立一套科学的业务规范体系，加强对媒介产品质量的预先策划、制作过程以及意见反馈的全面管理，在各环节设置合理的质量管理制度，如在选题策划、内容创作、编辑制作、营销推广以及评价反馈等各个环节都要严谨地把控好质量，尤其对于前期的策划、选题管理不可忽视，即网络媒体可适当将一些信息的把关口前移，将事后的检验转变为事前、事中的预防改善，及时发现问题，纠正偏差，将品质问题消除在媒介产品发布之前，实现质量、效益、效率相统一，确保为社会提供思想精深、艺术精湛、制作精美的高品质文化产品。此外，网络媒体要做好信息把关与筛选，积极转发声誉高、权威性强的媒体发布的高质量信息，抑制尚未证实的小道消息与真假难辨的流言的传播途径。

7.4 网民：媒介素养

7.4.1 提高网络媒体使用者的媒介素养

从网民角度而言，网民的知识结构、认知水平、信息甄别能力等因素与信息逆向选择产生密切相关，提升网络媒介使用者的媒介素养是抑制网络资讯市场逆向选择的有效解决方法。1993年，"全国媒介教育指导会议"（the National Leadership Conference on Media Education）中提出："媒介素养是一种以多种形式和手段来获取、分析、衡量及传播信息的能力。"❶ 所谓网络媒体使用者的媒介素养是指网络媒介使用者获取、利用、分析、甄别及再创造互联网信息的能力，是人们面对媒介各种信息时的选择能力、理解能力、质疑和评估能力、创造和生产能力，是对各种媒介信息的解读批判能力以及使用媒介技术、信息为个人工作、生活和社会发展服务的能力。在信息多元化的互联网时代，网络媒介素养是公民必备的基本素质，但不容乐观的是，我国网民的信息甄别意识与分析利用能力亟待提升。国外互联网发展较早的国家，都将网络媒体使用者的媒介素养教育纳入国民教育体系。20 世纪 70 年代中期开始，澳大利亚将"媒介素养"作为语言艺术教育的一部分，引入本国的初、中等教育，是世界上第一个通过法令将媒介素养教育纳入常规教育的国家，已形成一套从幼儿园到中学的媒介素养教育课程与教育体系;❷ 日本充分发挥各级政府、非政府组织、民间团体、教育学界、企业界等各主体的资源优势，共同建立媒介素养教育与实践的"社会行动者网络"。❸

　　网络媒介素养教育是一项长期复杂的系统工程，要树立终身学习、自觉观念。第一，要将媒介素养教育纳入国民教育体系，将媒介素养作为我国公民教育的基本内容，培养网民的道德自律意识与理性甄别能力。从小学开始一直到大学，都可以将媒介素

---

　　❶ 斯坦利·巴兰，丹尼斯·戴维斯. 大众传播理论：基础、争鸣与未来［M］. 北京：清华大学出版社，2004：366 - 368.

　　❷ HOBBS R，FROST R. The Acquisition of Media Literacy Skills Among Australian Adolescents. Media Literacy Review［EB/OL］.（2010 - 05 - 24）［2023 - 05 - 19］. http：//interact. uoregon. edu/medialit/mlr/readings/articles/hobbs/austr.

　　❸ 李良荣. 网络与新媒体概论［M］. 北京：高等教育出版社，2014：276 - 278.

养教育纳入学校教育基础课程，并根据互联网的发展新趋势，调整课程。第二，建立网络媒介素养教育的长效机制。各级政府要长期关注网络媒介素养教育，在政府普及倡导推广的基础上，各级政府、民间团体、企业、教育机构等要共同参与、协调配合，履行好各自的社会责任，并通过讲座、论坛、视频等多种形式向广大网民普及相关知识。民间团体、企业、教育机构等非营利组织要发挥自身专业性、灵活性的优势，组织举办各种形式的活动来促进民众媒介素养的提高。第三，政府在舆论引导与治理过程中要注重培养网民的辨别意识、甄别能力与客观理性态度。从网络媒体角度看，网络媒体的公正性、权威性受到舆论质疑拷问，归根究底在于新闻媒介行业整体职业道德水平下降。因此要坚持以人为本的原则，加强对网络媒介使用者的新闻职业道德教育势在必行。媒介素养主要包括业务能力和职业道德两方面。在业务能力方面，网络媒介从业者应该是一专多能的复合型人才，具备综合型的知识结构和多能型的业务技能。在网络媒体时代，自媒体用户不需要专业的业务能力，但需要加强媒介道德与伦理方面的学习与提高。

7.4.2 行使监督权，维护网络环境

良好的网络环境，需要依靠 10 亿多的网民共同维护与建设。互联网世界具有隐匿性、自由性、开放性、虚拟性等特点，在推动社会发展的同时也成为藏污纳垢之处，成为不受现实法律监管的法外之地，要治理网络谣言与虚假有害信息，不仅要依靠政府，更要发动网民力量，共同维护健康良好的网络环境。网民在

提升自身媒介素养的同时，更要积极履行对互联网谣言与违法犯罪的监督举报职责，发挥好网络举报与群众监督作用。每个网民在网络使用过程中，要遵纪守法，严格自律，不造谣、不信谣、不传谣、不助长谣言的传播发酵，尤其发现谣言与虚假信息苗头时要通过合法、合理途径及时举报，向政府部门提供各类有用线索。人民网、新华网、国家互联网办公室等门户网站均推出了网络监督、违法与不良信息举报中心专区，鼓励网民依法理性地举报网站中的各种不良信息与违法犯罪行为，以实际行为抵制虚假不实信息。网民在浏览网站时若发现谣言帖要自觉主动地反馈给版主，提请管理人员及时处理不良信息。在自媒体方面，如微信、微博、腾讯 QQ、今日头条等客户端均设有投诉举报功能，网民在微信公众平台看到传播的低质量信息，要积极对其进行举报投诉；在微博看到有悖于常理、失真的低质量信息，要跟帖留言阐述事实真相，及时将网友的错误思想予以纠正；在使用微信时，看到朋友圈、微信群里发布的虚假消息，要及时告知群友真实、客观的权威信息，将不实信息扼杀在萌芽状态中。

7.5　技术赋能　识谣止谣

7.5.1　建立网络媒体评价数据库

在第 6 章中的 KMRW 不完全信息声誉模型，通过将囚徒困境博弈多次重复，可得出结论，在不用借助政府权力的情况下，只要博弈重复的次数足够多，双方合作行为在有限次重复博弈中就会出现。对于网络媒体而言，生产传播高质量信息，可能在短期内面临生产成本高、效益低的风险，但只要双方合作博弈的次数足够多，时间足够长，网络媒体对长远收益的预期超过短期损失，网络媒体便有积极性生产传播高质量信息，致力于树立形象和维护声誉。通过建立网络媒体信誉档案，启动市场机制的调节作用，促使网络媒体产生长期博弈的预期，不会为追求短期行为而损害长期的声誉。

信息市场中低质量制造者一直具有低成本优势是导致网络资讯市场逆向选择的重要关节，可以考虑采取有效措施增加低质量成本制造和传播者的成本，如民间第三方组织、研究机构、行业协会介入对那些低质量信息制造传播媒体建立评价数据库，定期向全社会公布。

网络媒体需要建立科学的评价指标体系、常态法律法规机制以及第三方评估机构。

第一，要构建科学、严谨的网络媒介评价指标体系。网络媒体社会责任评价机制需要建构一个科学严谨、规范合理、操作性强的网络媒体社会责任评估体系。

第二，建立常态化法律法规机制。我国评价媒介社会责任履行情况向来以职业精神、道德标杆来衡量，没有具体统一的章法可循，只能凭借主观感受来评价履行水平。因此，相关国家部门要建立常态化的法律法规条例，使得媒介履行社会责任有清晰明确的参照标准。

第三，建立第三方评估监督机制。随着民众诉求意识不断增强，社会矛盾日益复杂，政府不是全能的、万能的，常常陷入各种尴尬境地，全能政府已经不适应当前社会发展趋势，因此要充分发挥非政府组织的积极作用，让社会大众、第三部门来协助政府共同治理。在政府无法满足公众需求的一些领域与事务方面，可通过民间机构、非政府组织来弥补政府公共服务的不足与空缺，起到良好的互补作用。因此，政府要发挥非政府组织的正面积极作用，建立第三方监督机制，健全社会监督网，发挥民间力量督促网络资讯市场公开。可构建由政府官员、专家学者、社会公众共同组成的具有客观、公正、权威性的第三方评估监督机构，对网络媒体履行社会责任情况进行第三方评估。

第四，奖励与惩戒并举。对那些社会责任履行较好、声誉口碑较好的网络媒体给予激励标签，使得网民在浏览信息时，可以清楚看到哪些媒体在过去的一年中，发布的信息具有较高品质，是值得信任的。同时，对那些社会责任履行较差的，尤其在重大突发事件发生时，主观故意炮制、发布不实消息误导舆论的网络媒体，建立一个黑名单数据库，向社会公布，并在该网络媒体首页上显示考评数据，使得受众在阅读信息时能较容易分辨该媒体发布信息质量的平均水平。同时，对这些发布低质量信息的网络媒体设置信息发布障碍，比如延迟显示，将该网媒相关信息在搜索引擎中名次自动靠后。通过这些标识信号传递，使得网民更容易辨识信息质量高低。

第五，参考淘宝交易评价机制。网友浏览信息时可以对该信息进行评分与贴标签，被网民一致贴为虚假、低品格标签的信息，自动下沉或者删除。

7.5.2　建立多方联合辟谣平台

探索构建多方联合联动的辟谣机制，构建大数据时代互通合作的辟谣模式具有现实意义。所谓多方联合的辟谣机制主要由互联网媒介与民间非官方组织构成。从互联网媒体角度来说，新兴的网络媒体在信息传播速度上有着传统媒体不可比拟的优势，在抑制谣言扩散，消解谣言负面影响方面具有非常重要的作用。谣言传播与辟谣涉及计算机、新闻传播、经济、政治等多个学科和领域，单纯依赖某个机构很难达到治理预期。在互联网媒体上的各种辟谣平台，在获悉谣言后立刻查找信息源、实地调查、全面搜索、多渠道核实，将事实真相第一时间发布到网络媒体平台上，或者通过微信、微博等自媒体推送给用户，以最快的速度、最精准的方式使信息到达目标受众，及时纠正谣言，消除不良社会影响。从民间组织方面看，由各行各业专业人士组成的民间辟谣机构，具有一定的专业性、独立性、客观性、可信度高等特点，可弥补官方辟谣机制的缺陷，为民众提供另一个独立于官方的可参考信源，较为有效地抑制与消解网络谣言与虚假信息造成的危害。

在英国，为避免信息不对称引发逆向选择而造成危害，英国政府非常重视谣言治理，将其列为社会危机管理的重要组成部分。英国各政府部门以及各社区组织均设立公民咨询局，其工作人员多数来自社会各行各业不同领域的专业人士、志愿者，定期向民众普及政治、经济、法律、科学常识，为民众提供答疑解惑服务，对当下的谣言重点进行客观、专业的分析与澄清，保障公民知情权，提高民众与政府部门的沟通效率；尤其在社会动荡、天灾人祸等危机时期，政府能及时高效顺畅地真实信息传播给社会，可达到安定民心，稳定社会的良好作用。新西兰也设立公民咨询局，其并非政府性质组织，与英国类似，其工作人员大部分为志愿者，旨在帮助民众与政府沟通联系更加顺畅高效，进一步提高民众的知情权，同时也让政府机构的决策与行政过程更加公开透明。

在我国，联合辟谣组织最先践行的是北京地区互联网媒体联合辟谣平台（py. qianlong. com）。在北京市网信办、首都互联网协会倡导与指导下，由千龙网·中国首都网、搜狗网、新浪微博、搜狐网、网易网站、百度网站六家知名网站共同发起成立，是中国互联网发展历程中成立的第一个基于大数据结构、开放式平台，是由互联网行业领军媒体联合构建的辟谣平台。还有支付宝花重金研发"谣言粉碎机"、腾讯开发的"较真查证"等第三方辟谣机构，对平台中的谣言进行联合辟谣。这种大数据时代新兴的联合辟谣平台，深刻改变了互联网媒体过去各自为战的辟谣方式，实现合作互通、协作开发的辟谣模式，平台自成立以来在消除谣言影响、提高甄别能力、提升媒介素养等方面发挥了显著作用。

7.5.3　人工智能　辟谣止谣

由于网络信息繁杂，多元主体生成的海量信息交织碰撞，促使谣言生成和传播模式改变，使得谣言传播速度快、隐秘性强，传播路径模糊不清、不可控、不可测。而传统人工手段辟谣缺少信息反馈机制，针对性不强，效果难测量，时效性差，效果滞后。若在谣言治理过程中，不能区分重点，就无法对症下药，反而容易陷入大数据汪洋之中，传统的粗放式管理，必然导致治谣效率低下。

人工智能、机器学习的发展，为抓取大量数据，处理、提取非结构化数据提供了可能，以数据驱动的精细化治理和科学化治理，有利于治理资源的最大化利用和治理效果的提高。借助人工智能技术，可实现谣言传播路径可追踪、传播效果的可观测以及谣言治理精准有效。互联网向人工智能应用程序提供海量网络谣言案例数据库，利用机器学习技术对算法程序做反复训练，算法程序通过对大量谣言案例的分析与归纳，建立谣言识别模型，借助计算机语言对网络谣言的传播路径进行追踪和分析，根据数据库中的谣言案例特征而分析识别网络潜在谣言，将识别出来的谣言加入数据库中进行监控与处理，如此循环往复并在实践中反复训练，算法程序识别谣言的准确率随着数据库丰厚与技术进步，而变得越来越"聪明"，像人类一样"思考"和"判断"识破谣言的"真面目"，为类似谣言的再次传播布下"天罗地网"。据《2018 年网络谣言治理报告》显示，微信平台共拦截网络谣言 8.4 万余条，辟谣文章阅读量近 11 亿次。今日头条通过"技术＋人工"的双重审核提高对谣言的拦截效率，同时利用技术实现精准辟谣，将权威辟谣信息精准推荐给看过谣言的用户，2018 年共发布精准辟谣 11 707 条。❶

人工智能领域的自然语言处理技术，以技术监督环节的变革

---

❶ 人民网. 《2018 年网络谣言治理报告》发布 774 机构在微信辟谣 ［EB/OL］. ［2023 - 05 - 12］. http：//society. people. com. cn/n1/2019/0118/c1008 - 30574893. html.

为切入点，提高网络谣言识别的效率，缩短网络谣言治理的路径，增强网络谣言治理模式的智能化。首先，在谣言识别环节，可提高谣言识别的精准度和覆盖率，通过技术手段最大限度地精准识别网络谣言。网络谣言是一种特殊的网络文本，借助人工智能自然语言处理技术可进行内容识别。

其次，人工智能具有强大的传播路径追踪功能。一方面，依靠人工智能算法程序的路径追踪功能，对网络谣言的传播路径进行追踪分析，可追踪至最初信源，并进行辟谣信息精准定向推送，到达覆盖所有谣言接触者；另一方面，互联网的信息反馈机制分析判断辟谣信息的传播效果，根据推送消息的读取状态以及转发、评论、点赞等互动行为来测评辟谣信息的传播效果，根据用户反馈可进行辟谣信息的二次推送，实现辟谣信息沿着谣言传播路径反向覆盖。人工智能助力网络谣言治理也存在一些局限，如技术的投入研发运营成本较高；多适用于重复性谣言；智能化水平有限，仍有漏洞可钻。某些"反侦察"能力较强的蓄意造谣者，在谣言关键词中插入字符，使用中英文交替、拼音叠字谐音，使用双关、隐喻、反语等手法，可生成不易被机器识别出的谣言信息，避开人工智能的截取。

最后，在追求高科技技术手段的同时，不可忽视用户的媒介素养提升。人工智能时代，每个用户都是社交平台的信息传播节点，若能激活这些节点，将激发无穷力量。社交平台与网络媒体要提供用户协作"打假"的有力工具，为用户提供谣言的数据库，鼓励民众自觉地搜索核实查验，核查、追溯和识别信息。算法也要不断关注用户浏览的信息、发表的意见、知识的构成等，加强预防式科普宣传，尤其要避免简单说教与告知或知识堆砌，及时推送辟谣与科普信息，提升民众知识储备量，全方位提升民众识谣、辨谣素养。

参考文献

[1] 艾里克·拉斯穆森. 博弈与信息博弈论概论 [M]. 韩松，译. 4 版.
北京：中国人民大学出版社，2009：161 - 162.

[2] 爱德华·罗特斯坦. 心灵的标符 [M]. 李小东，译. 长春：吉林人民
出版社，2001.

[3] 安东尼·吉登斯. 现代性的后果 [M]. 田禾，译. 南京：译林出版
社，2000：15 - 18.

[4] 奥尔波特. 谣言心理学 [M]. 刘水平，等译. 沈阳：辽宁教育出版
社，2003：15.

[5] 布莱恩·斯吉尔姆斯. 信号博弈学：演化、学习与信息 [M]. 韩永
进，等译. 北京：人民出版社，2014.

[6] 布赖恩·卡欣，哈尔·瓦里安. 传媒经济学——数字信息经济学与知
识产权 [M]. 常玉田，马振峰，张海森，译. 北京：中信出版社，
2003：118.

[7] 陈力丹. 舆论学：舆论导向研究 [M]. 北京：中国广播电视出版社，
1999：10.

[8] 戴维·波普诺. 社会学 [M]. 刘云德，等译. 沈阳：辽宁出版社，
1988：566 - 567.

[9] 戴维·迈尔斯. 社会心理学 [M]. 张智勇，等译. 北京：人民邮电出
版社，2006：55 - 57.

［10］丁烈云. 中国转型期的社会风险及公共危机管理研究［M］. 北京：
经济科学出版社，2012.

［11］弗朗索瓦丝·勒莫. 黑寡妇——谣言的示意及传播［M］. 唐家龙，
译. 北京：商务印书馆，1999.

［12］弗里德里奇·哈耶克. 自由秩序原理［M］. 邓正来，译. 北京：生
活·读书·新知三联书店，1997.

［13］古斯塔夫·勒庞. 乌合之众——大众心理研究［M］. 冯克利，译.
北京：中央编译出版社，1998：24 – 28.

［14］古斯塔夫·勒庞. 乌合之众——大众心理研究［M］. 冯克利，译.
北京：中央编译出版社，1998：24 – 28.

［15］郭庆光. 传播学教程［M］. 北京：中国人民大学出版社，1999：99.

［16］哈贝马斯. 作为“意识形态”的技术与科学［M］. 李黎，译. 上海：
学林出版社，1999：184.

［17］韩运荣. 舆论学——原理、方法与应用［M］. 北京：中国传媒大学
出版社，2005：4.

［18］洪开荣. 经济博弈论［M］. 北京：经济科学出版社，2014.

［19］胡百精. 危机传播管理［M］. 3 版. 北京：中国人民大学出版社，
2018：166.

［20］黄希庭. 心理学导论［M］. 北京：人民教育出版社，1993：20 – 25.

［21］蒋劲松. 责任政府新论［M］. 北京：社会科学文献出版社，2005.

［22］凯斯·桑斯坦. 网络共和国——网络社会中的民主问题［M］. 黄维
明，译. 上海：上海人民出版社，2003：47.

［23］克特·巴克. 社会心理学［M］. 南开大学社会学系，译. 天津：南
开大学出版社，1984.

［24］李军鹏. 责任政府与政府问责制［M］. 北京：人民出版社，2009.

［25］李良荣. 新闻学导论［M］. 北京：高等教育出版社，2004.

［26］刘建明，纪忠慧，王莉丽. 舆论学概论［M］. 北京：中国传媒大学出版社，2009：30 - 32.

［27］刘建明. 当代舆论学［M］. 西安：陕西人民教育出版社，1990：108 - 109.

［28］刘建明. 社会舆论原理［M］. 北京：华夏出版社，2002：211.

［29］罗伯特·吉本斯. 博弈论基础［M］. 高峰，译. 北京：中国社会科学出版社，1999：10 - 35.

［30］罗荣渠. 现代化新论——世界语中国的现代化进程［M］. 北京：北京大学出版社，1993：15.

［31］罗森布·鲁姆. 公共行政学：管理、政治和法律的途径［M］. 张成福，译. 北京：中国人民大学出版社，2002.

［32］马克思，恩格斯. 马克思恩格斯全集（第3卷）［M］. 北京：人民出版社，2003.

［33］马克思. 资本论（第1卷）［M］. 北京：人民出版社，1975：410.

［34］曼纽尔·卡斯特. 网络社会的崛起［M］. 夏铸九，等译. 北京：社会科学文献出版社，2001：4.

［35］孟小平. 揭示公共关系的奥秘：舆论学［M］. 北京：中国新闻出版社，1989：3 - 5.

［36］那丁·土桑·德莫林. 传媒经济［M］. 朱振明，译. 北京：中国传媒大学出版社，2012：33.

［37］诺兰·麦卡蒂，亚当·梅罗威茨. 政治博弈论［M］. 上海：格致出版社，2009：160 - 161.

［38］普布里乌斯·克奈里乌斯·塔西佗. 历史［M］. 王以铸，崔妙因，译. 北京：商务印书馆，1981：7.

［39］乔万尼·萨托利. 民主新论［M］. 冯克利，阎克文，译. 上海：上海人民出版社，2009：107 - 109.

[40] 让·诺埃尔·卡普费雷. 谣言——世界最古老的传媒 [M]. 郑若麟，译. 上海：上海人民出版社，2008：15.

[41] 荣格. 论分析心理学与诗的关系 [M]. 叶舒宪，编. 西安：陕西师范大学出版社，1987：99.

[42] 莎莲香. 社会心理学 [M]. 北京：中国人民大学出版社，2006：283 - 284.

[43] 孙立平. 断裂——20 世纪 90 年代以来的中国社会 [M]. 北京：社会科学文献出版社，2003：14.

[44] 唐涛. 网络舆情治理研究 [M]. 上海：上海社会科学院出版社，2014：50 - 55.

[45] 王来华. 舆情研究概论：理论、方法和现实热点 [M]. 天津：天津社会科学院出版社，2003.

[46] 威尔伯·施拉姆. 大众传播事业的责任 [M]. 程之行，译. 上海：复旦大学出版社，2003.

[47] 沃尔特·李普曼. 舆论 [M]. 常江，肖寒，译. 北京：北京大学出版社，2018：3 - 26.

[48] 乌尔里希·贝克. 什么是全球化？全球主义的曲解——应对全球化 [M]. 常和芳，译. 上海：华东师范大学出版社，2008.

[49] 项平. 公共网络舆情事件研究 [M]. 北京：人民出版社，2012.

[50] 谢进川. 社会风险治理视角下的传媒功能研究 [M]. 北京：中国传媒大学出版社，2009.

[51] 谢利·泰勒. 社会心理学 [M]. 10 版. 谢晓菲，等译. 北京：北京大学出版社，2004.

[52] 谢新洲. 互联网等新媒体对社会舆论影响与利用研究 [M]. 北京：经济科学出版社，2013.

[53] 谢耘耕. 中国社会舆论与危机管理报告 [M]. 北京：北京社会科学

文献出版社，2014.

[54] 杨保军. 新闻精神论 [M]. 北京：中国人民大学出版社，2007.

[55] 姚翠友，卢山. 网络舆情演化机理分析及计算机仿真 [M]. 北京：首都经济贸易出版社，2013.

[56] 伊丽莎白·诺尔-诺依曼. 沉默的螺旋：舆论——我们的社会皮肤 [M]. 董璐，译. 北京：北京大学出版社，2013：59，189.

[57] 约翰·R·扎勒. 公共舆论 [M]. 陈心想，等译. 北京：中国人民大学出版社，2013：1.

[58] 张克生. 国家决策：机制与舆论 [M]. 天津：天津社会科学院出版社，2004.

[59] 张维迎. 博弈论与信息经济学 [M]. 上海：格致出版社，2012.

[60] 张维迎. 博弈与社会 [M]. 北京：北京大学出版社，2013.

[61] 张燕. 风险社会与网络传播 [M]. 北京：社会科学出版社，2014.

[62] 张兆辉，郭子健. 舆情信息工作理论与实 [M]. 沈阳：辽宁大学出版社，2006.

[63] 中国传媒大学网络网络舆情研究所. 网络舆情及突发公共事件危机管理典型案例 [M]. 北京：中共中央党校出版社，2014.

[64] 周蔚华. 网络舆情概论 [M]. 北京：中国人民大学出版社，2016.

[65] 周晓虹. 社会心理学 [M]. 北京：高等教育出版社，2008：236.

[66] 曹和平，翁翕. 信息租问题探析 [J]. 北京大学学报（哲社版），2005（5）：85-93.

[67] 陈波，于泠，刘君亭，等. 泛在媒体环境下的网络舆情传播控制模型 [J]. 系统工程理论与实践，2011，31（11）：2140-2150.

[68] 陈福集，陈婷. 舆论突发事件演化探析——基于意见领袖引导作用视角 [J]. 情报资料工作，2015（2）：23-28.

[69] 陈福集，黄江玲. 我国网络舆情演变文献研究综述 [J]. 情报杂志，

2013 (7): 54 - 58.

[70] 陈新杰, 呼雨. 网络舆情监测指标体系构建研究 [J]. 情报探索, 2011 (10): 4 - 7.

[71] 邓建高, 吴灵铭, 齐佳音, 徐绪堪. 突发公共卫生网络舆情信息传播博弈分析 [J]. 现代情报, 2021, 41 (05): 139 - 148.

[72] 丁柏铨. 论网络舆情 [J]. 新闻记者, 2010 (3): 4 - 8.

[73] 丁汉青, 王亚萍. SNS 网络空间中"意见领袖"特征之分析——以豆瓣网为例 [J]. 新闻与传播研究, 2010 (3): 82 - 91.

[74] 丁菊玲, 勒中坚. 基于观点树的网络舆情危机预警方法 [J]. 计算机应用研究, 2011 (9): 3501 - 3504.

[75] 丁菊玲, 勒中坚. 我国网络舆情危机预警研究探讨 [J]. 情报杂志, 2010 (10): 5 - 9.

[76] 丁晓. 短视频社交媒介的舆情传播与风险防范 [J]. 科技传播, 2022, 14 (19): 110 - 112 + 124.

[77] 董伟建. 网络传播中的信息不对称及其防范 [J]. 中南民族大学学报 (人文社会科学版), 2013 (5): 161 - 164.

[78] 杜蓉, 王宁, 梁蕾. 群体性突发事件在线演化博弈研究 [J]. 科技管理研究, 2014 (24): 228 - 232.

[79] 方维慰. 我国政府信息公开研究进展的述评 [J]. 中国行政管理, 2013 (12): 15 - 20.

[80] 方兴起, 邓理兵. 2010 年诺贝尔经济学奖获得者的市场搜寻理论的介评 [J]. 马克思主义研究, 2011 (2): 43 - 46.

[81] 高风华. 政府信息公开: 档案工作的机遇与挑战 [J]. 档案与建设, 2004 (2): 11 - 13.

[82] 龚培兴. 政府公信力: 理念、行为与效率的研究视角——以"非典型性肺炎"防治为例 [J]. 中共中央党校学报, 2003 (3): 34 - 38.

［83］郭东伟，乌云娜．基于非理性博弈的舆论传播仿真建模研究［J］．自动化学报，2014（8）：1721 - 1732.

［84］何国平．论媒介公信力的生成与维系［J］．新闻与传播研究，2004（2）：79 - 82.

［85］何显明．地方政府公信力与政府运作成本相关性的制度分析［J］．国家行政学院学报，2002（1）：30 - 33.

［86］侯登华．试论我国政府信息公开法律制度的完善［J］．电子政务，2009（6）：85 - 89.

［87］侯艳辉，管敏，等．基于 Moran 过程竞争性舆情信息的网络传播博弈模型［J］．计算机应用研究，2022（7）：2050 - 2057.

［88］侯艳辉，管敏，王家坤，孟帆，张昊．全媒体时代基于微分博弈的网络舆情引导激励机制研究［J］．中国管理科学，2023（2）：1 - 16.

［89］黄晓芳．公信力与媒介的权威性［J］．电视研究，1999（11）：22 - 24.

［90］姜胜洪．我国网络舆情的现状及其引导［J］．广西社会科学，2009（1）：1 - 4.

［91］蒋明敏，陶林，赵春雷．新媒体环境下网络维权舆情的演化与治理——以"蛋壳公寓爆雷"维权事件为案例［J］．贵州社会科学，2022（3）：12 - 21.

［92］兰月新，邓新元．突发事件网络舆情演进规律模型研究［J］．情报杂志，2011（3）：47 - 50.

［93］兰月新．突发事件网络衍生舆论监测模型研究［J］．现代图书情报技术，2013（3）：51 - 57.

［94］李彪，郑满宁．从话语平权到话语再集权：社会热点事件的微博传播机制研究［J］．国际新闻界，2013（7）：6 - 15.

［95］李放，韩志明．政府回应中的紧张性及其解析——以网络公共事件为

视角的分析 [J]. 东北师大学报（哲学社会科学版），2014（1）：1－8.

[96] 李玉，曹杰. 网媒成为危机舆情首发媒体 [J]. 中国社会科学报，2011（2）.

[97] 李元来. 多层面相上网络谣言的悖论特性及长效治理 [J]. 中州学刊，2016（12）：166－172.

[98] 林立瑛，董志宏，扁柯滿，兰月新. 网络群体性事件中的信息不对称问题研究 [J]. 情报杂志，2011（2）：57－59.

[99] 林燕霞，谢湘生，张德鹏. 复杂交互行为影响下的网络舆情演化分析 [J]. 中国管理科学，2020（1）：212－221.

[100] 林宗浩. 韩国的政府信息公开法制 [J]. 行政法学研究，2006（4）：97－99.

[101] 刘冰玉，凌昊莹. 从社会学视角探讨网络媒介环境中群体性事件的舆情变异 [J]. 现代传播，2012（9）：111－115.

[102] 刘长龙. 贝克风险社会理论视域的舆情危机及其消解 [J]. 前沿，2012（13）：120－123.

[103] 刘海燕. 网络舆论的产生机制、传播模式与引导策略 [J]. 安徽行政学院学报，2014（6）：108－112.

[104] 刘建明. 受众行为的反沉默螺旋模式 [J]. 现代传播，2002（2）：39－41.

[105] 刘锦德，刘咏梅. 基于不完全信息演化博弈模型的网络舆情传播羊群行为 [J]. 国防科技大学学报，2013（5）：96－101.

[106] 刘蕊民. 互联网与注意力经济 [J]. 科技情报开发与经济，2002（1）：74－75.

[107] 刘小波. 基于人际关系网络的舆情演化建模研究 [J]. 情报理论与实践，2011（9）：100－103.

[108] 刘志明，刘鲁. 微博网络舆情中的意见领袖识别及分析 [J]. 系统工程，2011 (6)：8 – 16.

[109] 刘祖云. 论公共行政责任存在的逻辑前提 [J]. 南京农业大学学报（社会科学版），2004 (1)：47 – 50.

[110] 罗自文，熊庾彤，马娅萌. 智能媒体的概念、特征、发展阶段与未来走向：一种媒介分析的视角 [J]. 新闻与传播研究，2021，28 (S1)：59 – 75 + 127.

[111] 祁凯，杨志. 突发危机事件网络舆情治理的多情景演化博弈分析 [J]. 中国管理科学，2020 (3)：59 – 70.

[112] 钱学森，于景元，戴汝为. 一个科学新领域——开放的复杂巨系统及其方法论 [J]. 自然杂志，1990 (1)：3 – 10.

[113] 乔治·阿克洛夫. "柠檬"市场：质量的不确定性与市场机制 [J]. 经济导刊，2001 (6)：1 – 8.

[114] 秦娟. 政府公信力：内涵、特征及作用 [J]. 内蒙古农业大学学报（社会科学版），2014 (1)：4 – 6.

[115] 石树琴. 信号传递和信息甄别模型浅析及其应用 [J]. 复旦学报（自然科学版），2003 (4)：246 – 252.

[116] 史波. 公共危机事件网络舆情内在演变机理研究 [J]. 情报杂志，2010 (4)：41 – 45.

[117] 斯进. 从互联网舆论形成特点谈创建立体化网络舆情市场监控机制 [J]. 信息网络安全，2008 (3)：59 – 61.

[118] 孙蕾，孙绍荣. 基于行为博弈的重大工程网络舆情传播机制研究 [J]. 管理评论，2021，33 (10)：185 – 194.

[119] 孙帅，周毅. 2008 – 2012 年国内突发事件网络舆情管理研究综述 [J]. 电子政务，2013 (5)：1 – 14.

[120] 唐铁汉. 提高政府公信力建设信用政府 [J]. 中国行政管理，2005

（3）：8 – 10.

［121］陶建杰．网络舆情联动应急机制初探［J］．青年记者，2007（15）：72 – 74.

［122］滕婕，胡广伟，王婷．信息共享行为下基于随机微分博弈的辟谣效果预测研究［J］．情报科学，2022，40（6）：177 – 184.

［123］涂章志．论网络舆情视角下我国地方政府公信力［J］．北京邮电大学学报（社会科学版），2011（4）：35 – 39.

［124］王策．诚信政府建构论［J］．社会科学辑刊，2005（6）：20 – 24.

［125］王国华，方付建，陈强．网络谣言传导：过程、动因与根源——以地震谣言为例［J］．北京理工大学学报（社会科学版），2011（2）：112 – 116.

［126］王家坤，于灏，王新华，等．基于用户相对权重的在线社交网络舆情传播控制模型［J］．系统工程理论与实践，2019，39（6）：1565 – 1579.

［127］王子文，马静．网络舆情中的"网络推手"问题研究［J］．政治学研究，2011（2）：52 – 56.

［128］威廉·R. 安德森．美国信息公开法略论［J］．彦廷、任东来，译．南京大学学报，2008，45（2）：35 – 44.

［129］卫之．简论媒体的责、权、利与规范［J］．国际新闻界，2006（10）：10 – 14.

［130］魏静，朱恒民．基于复杂在线网络的舆论传递研究［J］．情报分析与研究，2013（3）：65 – 70.

［131］魏丽萍．网络舆情形成机制的进化博弈论启示［J］．新闻与传播研究，2010（6）：29 – 38.

［132］翁杨．永不沉默的螺旋——论沉默的螺旋理论与不平衡的传播生态［J］．当代传播，2003（2）：66 – 68.

［133］吴根平. 建立我国政府信息公开制度探析［J］. 南京农业大学学报
（社会科学版），2002（4）：52 – 56.

［134］吴璟薇，郝洁. 智能新闻生产：媒介网络、双重的人及关系主体的
重建［J］. 国际新闻界，2021，43（02）：78 – 97.

［135］吴绍忠，李淑华. 互联网络舆情预警机制研究［J］. 中国人民公安
大学学报（自然科学版），2008（3）：38 – 42.

［136］吴威威. 良好的公信力：责任政府的必然追求［J］. 兰州学刊，
2003（6）：24 – 27.

［137］吴微. 日本信息公开法的制定及其特色［J］. 行政法学研究，2000
（3）：23 – 26.

［138］吴向正. 刍议遏止新闻权力寻租现象［J］. 新闻爱好者，2010
（6）：4 – 5.

［139］谢新洲，安静. 网络谣言传播分析［J］. 新闻与写作，2014（2）：
32 – 35.

［140］熊慧敏. 试论互联网"葡萄藤"传谣模式的成因和传播特点［J］.
中国报业，2012（20）：132 – 133.

［141］徐涵，张庆. 复杂网络上传播动力学模型研究综述［J］. 情报科学，
2020，38（10）：159 – 167.

［142］徐汉明，张新平. 网络社会治理的法治模式［J］. 中国社会科学，
2018（2）：48 – 71.

［143］杨慧琼. 从个体记忆到集体记忆：论谣言研究之路径发展［J］. 国
际新闻界，2014（11）：65 – 80.

［144］杨秀云，梁珊珊. 基于演化博弈的互联网信息生态环境治理机制研
究［J］. 当代经济科学，2023，45（01）：29 – 45.

［145］杨妍. 自媒体时代政府如何应对微博传播中的"塔西佗陷阱"［J］.
中国行政管理，2012（5）：20 – 30.

[146] 叶翠红. 行政伦理责任在塑造政府公信力中的重要性 [J]. 经营管理者, 2011 (4): 71.

[147] 于景元. 钱学森关于开放的复杂巨系统的研究 [J]. 系统工程理论与实践, 1992 (9): 8 - 12.

[148] 袁红, 李佳, 冯宇德. 社会热点事件网络舆情与谣言的耦合机制研究——基于近 4 年数据的案例分析 [J]. 情报科学, 2021, 39 (10): 46 - 55.

[149] 袁慧, 李锦珍. 网络群体极化表现及其特征 [J]. 现代传播, 2016 (9): 140 - 142.

[150] 曾润喜. 网络舆情管控工作机制研究 [J]. 图书情报工作, 2009 (18): 79 - 82.

[151] 曾润喜. 网络舆情突发事件预警指标系统构建 [J]. 情报理论与实践, 2010 (1): 52 - 54.

[152] 张成福. 责任政府论 [J]. 中国人民大学学报, 2000 (2): 75 - 82.

[153] 张健挺, 蔡克平. 负传播的集体无意识解构新闻与传播研究 [J]. 新闻与传播研究, 2003 (4): 61 - 65.

[154] 张雷. 注意力的经济观 [J]. 国际新闻界, 2000 (4): 37 - 40.

[155] 张立凡, 唐露, 朱恒民, 禚炳光. 情绪博弈下舆情主体情绪与决策行为互动模型研究 [J]. 情报资料工作, 2022, 43 (02): 56 - 65.

[156] 张倩楠, 杨尊琦. 有限理性转发者的社会网络舆情演化分析 [J]. 情报杂志, 2014 (9): 129 - 134.

[157] 张新平, 金梦涵. 人工智能时代舆情治理的转型与创新 [J]. 情报杂志, 2021, 40 (10): 66 - 73.

[158] 张旭霞. 试论政府公信力的提升途径 [J]. 南京社会科学, 2006 (7): 50 - 55.

[159] 张雅文, 赵健. 关于微信公众号公信力缺失的思考——以天津大爆

炸事件为背景 ［J］. 新闻研究导刊, 2015 （18）: 232 - 236.

［160］ 张一文, 齐佳音. 网络舆情与非常规突发事件作用机制 ［J］. 情报
杂志, 2010 （2）: 1 - 6.

［161］ 郑保卫. 试论传媒公信力形成的要件及判断与评估的标准 ［J］. 新
闻界, 2005 （6）: 4 - 6.

［162］ 郑保卫. 试论新闻传媒的公信力 ［J］. 新闻爱好者, 2004 （3）:
9 - 11.

［163］ 郑保卫. 新闻工作者要担负起自己的职业责任 ［J］. 今传媒, 2007
（11）: 40 - 42.

［164］ 郑杭生, 邵占鹏. 中国社会治理体制改革的视野、举措与意涵 ［J］.
江苏社会科学, 2014 （2）: 20 - 27.

［165］ 周汉华. WTO 与我国政府公开法律制度的完善 ［J］. 国家行政学院
学报, 2000 （5）: 80 - 84.

［166］ 周晓红. 传播的畸变——对"SARS"传言的一种社会心理学分析
［J］. 社会学研究, 2003 （6）: 43 - 54.

［167］ 朱光磊, 周望. 在转变政府职能过程中提高政府公信力 ［J］. 中国
人民大学学报, 2011 （3）: 120 - 128.

［168］ 宗利永, 顾宝炎. 危机沟通环境中网络舆情演变的 Multi - Agent 建
模研究 ［J］. 情报科学, 2010 （9）: 1414 - 1419.

［169］ 邹东升. 地方政府行政诚信检视: 传统、失范与重构 ［J］. 江西社
会科学, 2005 （8）, 135 - 137.

［170］ 迈克尔·斯宾塞. 劳动力市场信号发送: 劳动市场的信息结构及相
关现象 ［D］. 美国: 哈佛大学, 1972.

［171］ BACK K W. Teaching Social Psychology as the Human Adventure ［J］.
Teaching Sociology, 1984, 11 （2）.

［172］ PETERSON W A, GIST N P. Rumor and Public Opinion ［J］. The American Journal of Sociology, 1951, 57 (2): 159 – 167.

[173] SHIBUTANI T. Improvised news: A Sociological study of rumor [M]. Indianapolis: Bobbs Merrill. 1966.

[174] MORIN E. Rumor in Orleans [M]. New York: Pantheon Books, 1971: 11.

[175] ROSNOW R L. Rumor as communication: A contextualiSt approach [J]. Journal of Communication, 1988, 38 (1): 10 – 28.

[176] BORDIA P. and Difonzo, N. , Problem Solving in Social Interactions on The Internet: Rumor as Social Cognition [J]. Social Psychology Quartely, 2004, 87 (1): 33 – 49.

[177] STONE J. A Comparison of Individual and Group Decisions InvolvingRisk [D]. Cambridge: Massachusetts Institute of Technology, 1961.

[178] PARISER E. The filter bubble: What the Internet is hiding from you [M]. London: Penguin UK, 2011.

[179] AKERLOF G A. The Market for "Lemons": Quality Uncertainty and the Market Mechanism [J]. Quarterly Journal of Economics, 1970, 84 (3): 488 – 500.

[180] ROBERT A HART S. Handbook of game theory with economic applications [M]. Amsterdom: North – Holland, 1992.

[181] ALEXANDER A. Media Economic: Theory and practice [M]. New Jersey: Lawerence Erlbaum Associates, 1998.

[182] ROBERT B. Reputation in a model of monetary policy with incomplete information [J]. Journal of Monetary Economics, 1986, 17 (3): 17.

[183] BACK K W. Teaching Social Psychology as the Human Adventure [J]. Teaching Sociology, 1984, 11 (2).

[184] RONALD C. The lighthouse in economics [J]. Journal of law and eco-

nomics, 1974 (17): 357 – 367.

[185] GEORGE J. Stigler. The Economics of Information [J]. Journal of Political Economy, 1961, 69 (3), 213 – 225.

[186] HENRY H. The state and market in higher education [J]. Working paper, Yale Law School, 1999.

[187] HARSANYI J. Games with randomly distributed payoofs: A new rationale for mixed strategic equilibrium points [J]. International Journal of Game Theory, 1973 (2): 1 – 23.

[188] HAYEK F A. The Use of knowledge in Society [J]. American Economic Review, 1945 (80): 268 – 273.

[189] KREPS D P, MILGROM P, ROBERTS J, WILSON R. Rational Cooperation in the Finitely Repeated Prisoners Dilemma [J]. Journal of Economic Theory, 1982 (27): 245 – 252.

[190] CHARS K, HUBERMAN G. The Two – sided Uncertainty and up – or – out Contract [J]. Journal of Labor Economics, 1988 (6): 423 – 444.

[191] LAZEAR E. Pay Equality and industrial politics [J]. Journal of political economy, 1989 (97): 561 – 580.

[192] MAYNARD SMITH. Evolution and Theory of Games [M]. Cambridge: Cambridge University press, 1982.

[193] MICHAEL H. Goldhaber. Attention Shoppers [J]. HotWired, 1997 (5).

[194] NOELLEN E. The Spiral of Silence A Theory of Public Opinion [J]. Journal of Communication, 1974 (24): 43 – 51.

[195] NASH J. Two – person cooperative games [J]. Econometrica, 1953 (21): 128 – 140.

[196] RICHARD P. Social Norms and the Law: An Economic Approach [J]. American Economic Review, 1997, 87 (2): 465 – 369.

［197］ TACITUS P C. HistoryTrans. By Wang Yi zhu. CuiMiaoyin ［M］. Beijing: The Commercical Press. 1981.

［198］ OWEN M. Economics of Expression: Media Structure and the first Amendment ［M］. Cambridge: Ballinger. 1975.

［199］ SELTEN R. The Chain – Store Paradox ［J］. Theory and Decision, 1978 (9): 127 – 129.

［200］ SPENCE A M. Job market signaling ［J］. Quarterly Journal of Economics, 1973 (87): 355 – 374.

［201］ SIMON H. A Formal Theory of Employment Relationship. Econometrica, 1951 (19): 293 – 305.

［202］ SPENCE M, ZECHHAUSER R. Insurance, information and individual Action ［J］. American Ecnomic Review, 1971 (61): 380 – 386.

附 录
关于建设良好网络信息环境的调查

您好：

本问卷旨在了解您对建设良好网络环境的意见与建议。谢谢您!

1. 您的性别。

A. 男　　　　　B. 女

2. 您的年龄。

A. 18～30　　　B. 30～40　　　C. 40～50　　　D. 50～60

E. 60 以上

3. 您的学历。

A. 小学及以下　B. 中学　　　C. 大专　　　D. 本科

E. 研究生及以上

4. 您通过哪些渠道获取信息?（最频繁使用的两项）

A. 电视　　　　B. 报纸　　　C. 门户网站　　D. 微博

E. 微信　　　　F. 论坛　　　G. App 新闻　　H. 其他

5. 您对当前的网络信息环境满意吗?

A. 不满意　　　B. 基本满意　　C. 很满意　　　　D. 不关心

6. 您对网络信息环境不满意的原因是什么?

A. 谣言泛滥　　　B. 有效信息难搜　　　C. 不良广告多

D. 水军泛滥　　　E. 难以分辨真假信息 F. 语言暴力

G. 政府干预太少 H. 政府干预太多　　　I. 诉求得不到回应

J. 权威信息少　　K. 跟风严重　　　　　L. 正能量缺乏

M. 其他

7. 您在互联网使用中,相信并传播过谣言吗?

A. 完全没有　　　　　　　B. 相信过,但没有转发

C. 相信并转发　　　　　　D. 不相信,但转发过

8. 您觉得网络谣言泛滥、屡禁不止的原因是,可多选 4 项目。

A. 信息不透明,权威部门不能及时公布准确信息

B. 网友缺乏辨别谣言能力　　C. 从众心理无明确目的

D. 别有用心之人推波助澜　　E. 网络媒体缺乏责任感

F. 谣言迎合人们心理预期.　　G. 谣言可以博取关注度

H. 部分谣言是未被证实的真相 I. 形成强势舆论倒逼真相

9. 您认为良好的舆论环境具备哪些条件?

A. 语言文明理性　　B. 政府适度管控　　C. 政府严格管控

D. 没有广告　　　　E. 适量健康的广告 F. 言论自由

G. 没有谣言　　　　H. 适量的反对信息 I. 辟谣及时

J. 权威信息与谣言有区分机制　　　　K. 具有正能量

L. 其他